SEOULTECH

한국어

1A

서울과학기술대학교

한국어는 미래를 선도하는 언어입니다.

한국어는 이미 국제적 언어입니다. 한류라 부르는 한국문화의 세계화 현상으로 한국어를 배우고자 하는 외국 사람들의 숫자가 날로 늘어가는 게 현실입니다. 몇 년 전 루마니아의 한 대학을 방문을 했을 때, 낯선 동유럽 국가에서도 한류에 대한 관심으로 한국어를 배우고자 하는 학생들은 많았지만, 한국어 교사도 부족하고 대학에 한국어 학과가 개설되기 시작한 시점이라 한국어에 대한 관심이 높았음을 보고 한국어는 이미 국제적인 언어가 되었다는 걸 알았습니다.

서울과학기술대학교는 지금까지 공학중심의 교육기관에서 글로벌한 대학으로의 위상을 높이고자 AI학과 등 첨단학과를 신설하는 동시에 다른 국가의 대학들과 활발한 국제교류를 통해서 발전하고 있습니다. 현재 한국어 프로그램을 운영하면서 한국어 교육을 통한 유학생 유치에 기여하고 있습니다. 하지만 새로운 도약을 위해서 새로운 한국어 교육 프로그램 개발 및 코로나 상황이후 비대면 교육에 대한 요구가 증대할 것으로 예상됩니다. 온라인 교육 프로그램을 운영하기 위해 대학 기관 한국어 교재가 필요하다고 판단해서 준비를 해왔습니다.

현재 수많은 대학기관의 한국어 교재가 나와 있지만, 국립국제교육원이 관리하고 있는 토픽(TOPIK) 시험이 말하기 분야도 추가할 계획이라서 새로운 패러다임이 한국어 교육에서도 반영되어야 하기 때문에 여기에 발맞춰 새로운 내용의 교재를 개발하였습니다. 수많은 교재들이 말하기 중심의 교육을 강조하고 있지만, 본 교재는 정확한 의사소통에 방점을 두고 만들어졌습니다. 또한 주제 중심의 대화문을 통해서 한국 문화에 대한 이해를 높이는 동시에 문법과 회화능력 향상에 목표를 둔 구성을 하였습니다. 이 교재를 바탕으로 예습 및 복습을 온라인으로 진행하는 플립러닝(Flipped Learning) 방식을 도입하여 모바일 교육의 혁신 방안을 추구하고자 합니다.

한국어가 국제적 언어가 되어가고 있고, 많은 나라에서 고등교육 기관에서도 한국어 강좌를 늘려나가고 있는 실정입니다. 이러한 한국문화에 대한 관심과 한국어 교육에 대한 열망을 생각하면 본 교재가 도움이 될 것이라 확신하며, 그동안 교재 편찬에 수고해 주신 교수님들께 감사드립니다. 이제 첫 권이 나오지만 이어서 출판할 교재도 새로운 한국어 교육의 욕구에 맞게 만들어질 것입니다.

한국어는 미래를 선도하는 국제적인 언어가 될 것입니다. 한국어를 사랑하는 모든 사람에게 이 교재를 추천합니다.

서울과학기술대학교 국제교육본부

본부장 남기헌

✖ 「SEOUL TECH 한국어」 1A는 한글과 1과~7과, 1B는 8과~15과로 구성되어 있습니다.

✖ 한글은 한글 소개, 한글 배우기, 종합 연습으로 이루어져 한글을 기초부터 체계적으로 익힐 수 있도록 하였습니다.

✖ 각 과는 한 가지 주제를 중심으로 '어휘', '문법과 표현 1, 2', '말하기 1', '문법과 표현 3, 4', '말하기 2', '듣고 말하기', '읽고 쓰기', '발음' 혹은 '문화'로 구성되어 있으며, 홀수 과에서는 '발음', 짝수 과에서는 '문화'를 다루고 있습니다.

✖ 한 과는 8~10시간용으로 구성되어 있습니다.

도입 : 학습 목표, 그림 제시, 본문 대화로 구성되어 있습니다.

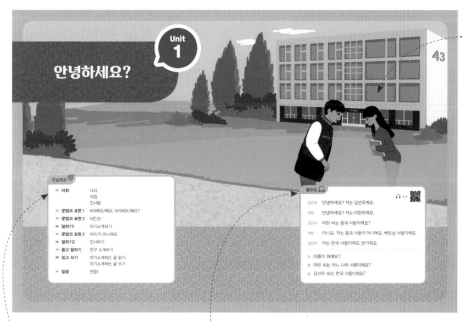

● **그림 제시:** 본문 대화의 상황을 나타내는 그림을 통해 주제에 대한 학습자의 관심과 본문 대화 내용에 대한 이해를 높이도록 하였습니다.

● **학습 목표:** 해당 과의 학습 목표와 내용을 영역별로 제시하였습니다.

● **본문 대화:** 해당 과에 대한 도입으로 주제와 관련된 핵심 표현을 사용하여 대화를 제시하였습니다. 내용 이해에 대한 질문을 실었고 본문 대화는 QR코드를 찍어 필요할 때마다 간편하게 확인할 수 있도록 하였습니다.

어휘

어휘와 예시 대화로 구성되어 있습니다.

- **어휘:** 주제와 관련된 어휘를 선정하여 의미에 따라 범주화하고 그림이나 사진을 통해 이해하기 쉽게 제시하였습니다.

- **예시 대화:** 필요한 경우에는 예시 대화를 주어 연습할 수 있도록 하였습니다.

문법과 표현

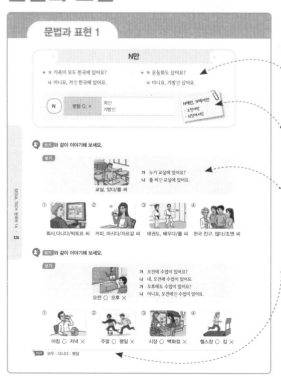

예문과 형태, 연습으로 구성되어 있습니다.

- **예문과 형태:** 문법이 사용되는 전형적이고 대표적인 예문과 결합 형태를 제시하였습니다.

- **참고 사항:** 참고 사항이나 불규칙 활용에 대해서는 따로 제시하였습니다.

- **연습:** 목표 문법 사용 능력을 높이기 위해 단계별로 말하기 활동을 구성하여 유의미한 연습 기회를 제공하였습니다.

- **새 단어:** 새로 제시된 단어를 하단에 제시하였습니다.

말하기

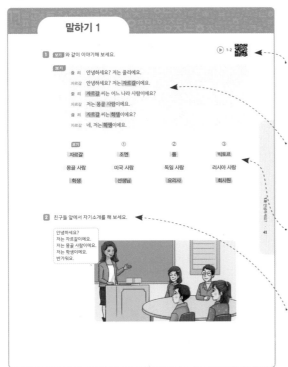

대화문, 교체 연습, 말하기로 구성되어 있습니다.

- **애니메이션:** 주대화 상황을 시각적으로 구현하여 내용 이해에 도움을 주었으며, QR코드로 제시하여 손쉽게 확인할 수 있도록 하였습니다.

- **대화문:** 의사소통능력을 향상시키기 위해 주제 어휘와 학습한 문법을 사용하여 대화문을 제시하였습니다.

- **교체 연습:** 주제와 관련된 어휘와 문법을 반복 학습할 수 있도록 색깔을 지정하여 익히게 하였습니다.

- **말하기:** 대화문과 관련된 주제 및 기능에 대하여 학습자가 담화를 구성해 봄으로써 말하기 활동을 강화시켰습니다.

듣고 말하기

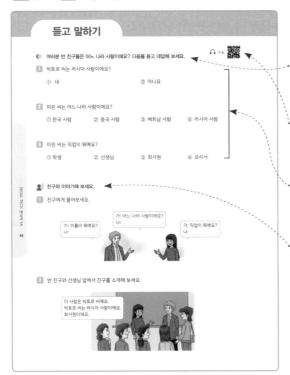

도입, 듣기, 말하기로 구성되어 있습니다.

- **도입:** 듣기 전 주제와 관련된 질문을 제시하여 들을 내용을 추측하게 하였습니다.

- **듣기:** 주제와 관련된 대화문을 QR코드로 제시하여 손쉽게 들을 수 있도록 하였습니다.

- **내용 확인 문제:** 내용 이해에 도움을 주기 위하여 확인 문제를 제시하였습니다.

- **말하기:** 듣기 후 활동으로 학습자의 경험과 생각을 표현할 수 있도록 듣기의 주제 및 기능과 관련된 말하기 활동을 제시하였습니다.

읽고 쓰기

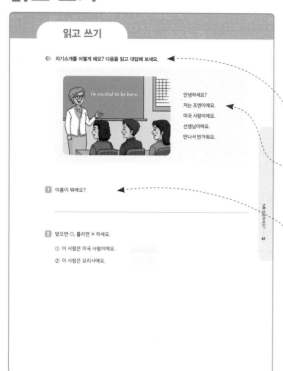

도입, 읽기, 쓰기로 구성되어 있습니다.

읽기

● **도입:** 읽기 전에 주제와 관련된 질문을 제시하여 읽을 내용을 추측하게 하였습니다.

● **읽기:** 학습자의 수준에 맞는 다양한 종류의 읽기 글을 제시하였습니다.

● **내용 확인 문제:** 확인 문제를 제시하여 글의 구조와 내용을 이해하는 데 도움을 주었습니다.

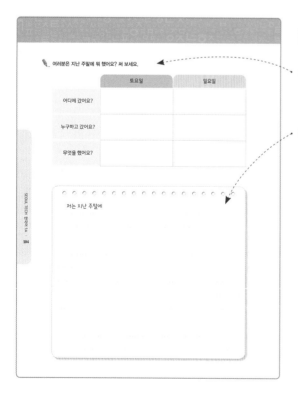

쓰기

● **도입:** 읽기 텍스트를 활용하여 쓰기 계획을 세우는 데 도움을 주도록 구성하였습니다.

● **쓰기:** 과의 주제 및 기능에 맞추어 학습한 문법과 표현을 활용하여 글을 쓰도록 하였습니다.

발음

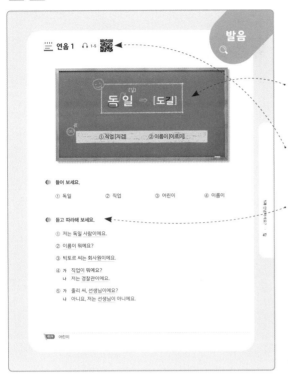

발음 규칙, 연습으로 구성되며 홀수 과에 수록되어 있습니다.

- **규칙:** 발음 규칙을 이해하기 쉽게 도식화하여 단계적으로 제시하였습니다.

- **듣기:** 대표적인 발음의 예를 제시하고 QR코드로 손쉽게 들어 볼 수 있도록 하였습니다.

- **연습:** 듣고 따라하는 연습을 통하여 문장 안에서 발음 규칙을 내재화하도록 하였습니다.

한국 문화

도입 질문, 한국 문화 설명으로 구성되며 짝수 과에 수록되어 있습니다.

- **도입 질문:** 각 과의 한국 문화와 관련된 내용을 질문으로 제시하였습니다.

- **문화 내용:** 과의 주제와 관련된 한국 문화를 학습자의 수준에 맞게 설명하였으며 이해하기 쉽도록 그림이나 사진을 제시하였습니다.

부록 : 모범 답안, 듣기 지문, 문법 설명, 어휘 색인으로 구성되어 있습니다.

모범 답안

'한글', '듣고 말하기', '읽고 쓰기' 문제의
정답을 제공합니다.

듣기 지문

'듣고 말하기'의 지문을 제공합니다.

문법 설명

'문법과 표현'에서 다룬 문법의 핵심 정보
를 제공합니다.

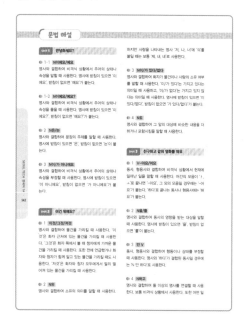

어휘 색인

교재에 수록된 어휘를 '가나다' 순으로
정리하여 해당 쪽수와 함께 제공합니다.

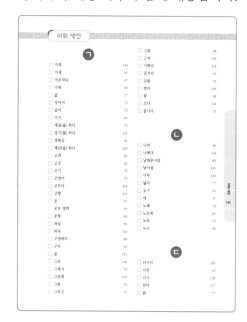

단원	주제	어휘	문법과 표현	말하기	
한글		한글 소개 – 창제 원리 　　　　 – 모음 　　　　 – 자음 　　　　 – 음절 구조	한글 배우기 – 모음(1) 　　　　　　 – 자음(1) 　　　　　　 – 모음(2) 　　　　　　 – 자음(2) 　　　　　　 – 받침		
1과 안녕하세요	인사	나라 직업 인사말	N이에요/예요, N이에요/예요? N은/는 N이/가 아니에요	자기소개하기 인사하기	
2과 이건 뭐예요?	학교 생활	물건명사 가족	이것/그것/저것 N의 N이/가 있다/없다 N도	물건 이름 묻고 답하기 물건 말하기	
3과 친구하고 같이 영화를 봐요	일상 생활	동사	V-아요/어요 N을/를 안 V N하고	지금 하는 일 말하기 수업 후 하는 일 말하기	
4과 어디에 가요?	장소	장소 위치	N에 있다/없다 N에 가다/오다 N에서 V-고(순차)	목적지와 위치 말하기 목적지에서 하는 일 말하기	
5과 주말에 축구를 했어요	날짜와 요일	숫자1 날짜 시간1 요일	N에 V-았어요/었어요 무슨 N N부터 N까지	과거에 한 일 묻고 답하기 친구의 일정 묻고 답하기	
6과 오전에는 바쁘지만 오후에는 괜찮습니다	하루 생활	숫자2 시간2 형용사1	A/V-습니다/습니까? N에게/한테 '으' 탈락 A/V-지만	친구가 하는 일 말하기 친구가 자주 하는 것 말하기	
7과 한번 입어 보세요	쇼핑	돈 가격 단위 명사	N만 V-아 주세요/어 주세요 A/V-네요 V-아 보세요/어 보세요	물건 사기 물건 가격 말하기	

듣고 말하기	읽고 쓰기	발음/문화
	종합 연습	
친구 소개하기	자기 소개하는 글 읽기 자기 소개하는 글 쓰기	발음 연음 1
물건에 대한 대화 듣기 누구의 물건인지에 대해 말하기	가족에 대한 글 읽기 가족에 대한 글 쓰기	문화 한국인의 인사와 호칭
일상생활에 대한 대화 듣기 친구하고 하는 일에 대해 말하기	일정을 소개하는 글 읽기 일정에 대한 글 쓰기	발음 연음 2
목적지에 대한 대화 듣기 장소에서 하는 일 말하기	장소에 대한 글 읽기 좋아하는 장소에 대한 글 쓰기	문화 서울의 명소
과거 경험 듣고 말하기	주말 일과에 대한 글 읽기 주말 일과에 대한 글 쓰기	발음 숫자 '십(10)'
하루 일과에 대한 대화 듣기 하루 일과에 대해 말하기	하루 일과에 대한 글 읽기 하루 일과에 대한 글 쓰기	문화 한국 대학 축제
마트 할인 안내에 대한 대화 듣기 쇼핑 장소와 물건 가격에 대해 말하기	쇼핑 경험에 대한 글 읽기 쇼핑 경험에 대한 글 쓰기	발음 자음동화 1

한글

❶ 한글 소개

창제 원리 The Principles of Hangeul

한글은 한국의 고유 문자입니다. 1443년 조선의 제 4대 왕이었던 세종대왕과 집현전 학자들에 의해 창제되었으며, 1446년 '훈민정음'이라는 이름으로 반포되었습니다.

한글은 모음과 자음으로 이루어져 있습니다. 모음은 하늘(·), 땅(ㅡ), 인간(ㅣ)의 모양을 본떠 기본 글자를 만들었으며 자음은 발음 기관의 모양을 본떠 만들었습니다. 이 기본 모음과 기본 자음에 조음 방법을 나타내는 획을 더해 다른 글자들을 만들었습니다.

모음 Vowels

모음은 기본 글자 '·, ㅡ, ㅣ'를 결합하여 'ㅏ, ㅓ, ㅗ, ㅜ'를 만들었습니다. 'ㅏ'는 동쪽에서 해가 뜨는 모습을 나타내며 'ㅓ'는 서쪽으로 해가 지는 모습을 나타냅니다. 'ㅗ'는 땅 위로 해가 떠오르는 모습을 나타내며 'ㅜ'는 땅 아래로 해가 지는 모습을 나타냅니다. 이 네 개의 기본 글자에 획을 더해 'ㅑ, ㅕ, ㅛ, ㅠ'를 만들었습니다.

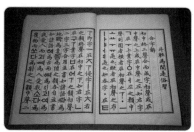

모음	ㅏ ㅑ ㅓ ㅕ ㅗ ㅛ ㅜ ㅠ ㅡ ㅣ
	ㅐ ㅒ ㅔ ㅖ ㅘ ㅙ ㅚ ㅝ ㅞ ㅟ ㅢ

자음 Consonants

자음은 소리를 내는 기관인 목, 혀, 잇몸, 이 등을 보고 만들었습니다. 첫소리에서 나는 'ㄱ'은 혀뿌리가 목구멍을 막는 모양, 'ㄴ'은 혀가 윗잇몸에 붙는 모양, 'ㅁ'은 입술 모양, 'ㅅ'은 이의 모양, 'ㅇ'은 목구멍의 모양을 본 뜬 것입니다.

이렇게 만들어진 기본 글자에 획을 더하여 소리가 센 글자를 만들었습니다.

ㄱ → ㅋ

ㄴ → ㄷ → ㅌ

ㅅ → ㅈ → ㅊ

ㅁ → ㅂ → ㅍ

ㅇ → ㅎ

또한 같은 자음을 나란히 써서 글자를 만들었습니다.

ㄱ + ㄱ = ㄲ

ㄷ + ㄷ = ㄸ

ㅅ + ㅅ = ㅆ

ㅂ + ㅂ = ㅃ

ㅈ + ㅈ = ㅉ

자음	ㄱ ㄴ ㄷ ㄹ ㅁ ㅂ ㅅ ㅇ ㅈ ㅊ
	ㅋ ㅌ ㅍ ㅎ ㄲ ㄸ ㅃ ㅆ ㅉ

음절 구조 Korean Syllable Structure

한국어는 다음 세 가지 유형의 음절 구조를 가지고 있습니다.

음절 구조	예
V (모음 vowel)	아, 오
CV (자음 + 모음 consonant + vowel)	나, 노
CVC (자음 + 모음 + 자음 consonant + vowel + consonant)	산, 돈

1 V(모음)

모음으로만 이루어져 있으며 모음 앞에 소리가 없는 자음 'ㅇ'을 붙입니다. 이 유형에는 수직(세로형) 모음(ㅏ, ㅑ, ㅓ, ㅕ, ㅣ)과 수평(가로형) 모음 (ㅗ, ㅛ, ㅜ, ㅠ, ㅡ)이 있습니다.

ㅇ + ㅏ = 아   ㅇ + ㅗ = 오

2 CV(자음 + 모음)

한 개의 자음과 한 개의 모음으로 이루어져 있으며 모음을 기준으로 자음의 위치나 모양이 바뀝니다. 모음이 수직 모양(ㅣ)일 때는 자음을 모음의 왼쪽에 써야 하고, 모음이 수평 모양(ㅡ)일 때는 자음을 모음 위쪽에 써야 합니다.

ㄴ + ㅏ = 나   ㄴ + ㅗ = 노

3 CVC(자음 + 모음 + 자음)

한 개의 자음과 한 개의 모음, 그리고 모음 뒤에 오는 자음인 '받침'으로 이루어져 있습니다. 받침은 '자음+모음'의 아래쪽에 씁니다.

ㄷ + ㅗ + ㄴ = 돈   ㅅ + ㅏ + ㄴ = 산

❷ 한글 배우기

모음	발음	쓰는 순서	연습 1		연습 2	
ㅏ	[a]		ㅏ		아	
ㅑ	[ya]		ㅑ		야	
ㅓ	[ə]		ㅓ		어	
ㅕ	[yə]		ㅕ		여	
ㅗ	[o]		ㅗ		오	
ㅛ	[yo]		ㅛ		요	
ㅜ	[u]		ㅜ		우	
ㅠ	[yu]		ㅠ		유	
ㅡ	[ɨ]		ㅡ		으	
ㅣ	[i]		ㅣ		이	

Tips

❶ 모음은 위에서 아래로 쓰고 왼쪽에서 오른쪽으로 씁니다.

❷ 모음 앞에 'ㅇ'은 소리의 빈자리를 의미합니다. 나중에 쓸 자음의 위치를 알기 위해서 'ㅇ'을 같이 씁니다.

연습1

1. 잘 듣고 맞는 것을 고르세요.   0-1

1) ① 아 ② 오 ③ 우   2) ① 이 ② 어 ③ 으

3) ① 오 ② 어 ③ 으   4) ① 어 ② 오 ③ 요

5) ① 우 ② 유 ③ 요   6) ① 여 ② 야 ③ 유

2. 잘 듣고 써 보세요.   0-2

단어		연습
오 **5**		
이 **2**		
아우		
아이		
여우		
오이		
우유		

자음 (1)

자음	이름	발음	쓰는 순서	연습	
ㄱ	기역 [giyeok]	[k], [g]	ㄱ	ㄱ	
ㄴ	니은 [nieun]	[n]	ㄴ	ㄴ	
ㄷ	디귿 [digeut]	[t], [d]	ㄷ	ㄷ	
ㄹ	리을 [rieul]	[r], [l]	ㄹ	ㄹ	
ㅁ	미음 [mieum]	[m]	ㅁ	ㅁ	
ㅂ	비읍 [bieup]	[p], [b]	ㅂ	ㅂ	
ㅅ	시옷 [siot]	[s], [sh]	ㅅ	ㅅ	
ㅇ	이응 [ieung]	[ø], [ŋ]	ㅇ	ㅇ	
ㅈ	지읒 [jieut]	[ʧ], [j]	ㅈ	ㅈ	
ㅊ	치읓 [chieut]	[ʧʰ]	ㅊ	ㅊ	
ㅋ	키읔 [kieuk]	[kʰ]	ㅋ	ㅋ	
ㅌ	티읕 [tieut]	[tʰ]	ㅌ	ㅌ	
ㅍ	피읖 [pieup]	[pʰ]	ㅍ	ㅍ	
ㅎ	히읗 [hieut]	[h]	ㅎ	ㅎ	

Tips

'ㅅ, ㅇ, ㅈ, ㅊ, ㅎ'은 여러 형태로 쓸 수 있으며, 보통 손글씨로는 'ㅅ, ㅇ, ㅈ, ㅊ, ㅎ'의 형태로 씁니다.

· ㅅ, ㅅ   · ㅇ, ㅇ   · ㅈ, ㅈ   · ㅊ, ㅊ, ㅊ, ㅊ   · ㅎ, ㅎ

▶ 써 보세요.

	ㅏ	ㅑ	ㅓ	ㅕ	ㅗ	ㅛ	ㅜ	ㅠ	ㅡ	ㅣ
ㄱ	가									
ㄴ										
ㄷ					도					
ㄹ										
ㅁ										
ㅂ										
ㅅ										
ㅇ										
ㅈ										
ㅊ										
ㅋ										
ㅌ										
ㅍ										
ㅎ										

Tips

'ㄱ'은 같이 쓰는 모음의 모양에 따라 글씨 모양이 달라집니다. 'ㄱ'이 수직 모양(ㅣ)의 모음과 결합할 때 'ㄱ'은 'ㄱ'으로 바뀐다. 마찬가지로 'ㅋ'은 'ㅋ'으로, 'ㄲ'은 'ㄲ'으로 바뀝니다.

1. 잘 듣고 맞는 것을 고르세요. 0-3

   1) ① 나   ② 다   ③ 자   2) ① 로   ② 보   ③ 모

   3) ① 거   ② 러   ③ 더   4) ① 저   ② 더   ③ 도

   5) ① 비   ② 피   ③ 치   6) ① 수   ② 주   ③ 추

2. 잘 듣고 써 보세요. 0-4

단어	연습	단어	연습
구두		버스	
기차		사자	
나무		치마	
누나		커피	
다리		코트	
머리		티셔츠	
모자		포도	
바나나		휴지	

모음 (2)

모음	발음	쓰는 순서	연습 1		연습 2	
ㅐ	[ɛ]		ㅐ		애	
ㅒ	[yɛ]		ㅒ		얘	
ㅔ	[e]		ㅔ		에	
ㅖ	[ye]		ㅖ		예	
ㅘ	[wa]		ㅘ		와	
ㅙ	[wɛ]		ㅙ		왜	
ㅚ	[we]		ㅚ		외	
ㅝ	[wə]		ㅝ		워	
ㅞ	[we]		ㅞ		웨	
ㅟ	[wi]		ㅟ		위	
ㅢ	[ɰi]		ㅢ		의	

Tips

❶ ㅐ, ㅔ : [ɛ]와 [e]는 발음 위치가 다르지만 실제로 발음할 때 거의 구별하지 않습니다.

❷ ㅙ, ㅞ, ㅚ : [wɛ], [we], [we]는 실제로 발음할 때 구별하지 않고 모두 [we]로 발음합니다.

❸ ㅒ, ㅖ : [yɛ], [ye]는 실제로 발음할 때 거의 구별하지 않습니다.

연습 3

1. 잘 듣고 맞는 것을 고르세요. 🎧 0-5

1) ① 애　　② 얘　　③ 외　　2) ① 위　　② 어　　③ 외

3) ① 아　　② 와　　③ 워　　4) ① 왜　　② 에　　③ 예

5) ① 웨　　② 워　　③ 위　　6) ① 위　　② 의　　③ 이

2. 잘 듣고 써 보세요. 🎧 0-6

단어	연습		단어	연습
가위			스웨터	
귀			시계	
더워요			얘기	
돼지			왜 why	
뭐 what			의사	
배			지우개	
사과			회사	
세수			회의	

23

자음 (2)

한글의 기본 자음인 'ㄱ, ㄷ, ㅂ, ㅅ, ㅈ'에 같은 자음을 하나씩 더 붙여 'ㄲ, ㄸ, ㅃ, ㅆ, ㅉ'의 5개를 만들었습니다.

자음	이름	발음	쓰는 순서	연습		
ㄲ	쌍기역 [ssanggiyeok]	[kk]	ㄲ	ㄲ		
ㄸ	쌍디귿 [ssangdigeut]	[tt]	ㄸ	ㄸ		
ㅃ	쌍비읍 [ssangbieup]	[pp]	ㅃ	ㅃ		
ㅆ	쌍시옷 [ssangsiot]	[ss]	ㅆ	ㅆ		
ㅉ	쌍지읒 [ssangjieut]	[jj]	ㅉ	ㅉ		

자음에는 평음, 격음, 경음이 있습니다. 평음은 숨을 거세게 내지 않으며 목을 긴장시키지 않는 자음입니다. 반면 격음은 공기를 세게 내뿜어 거세게 나오는 자음이고, 경음은 목 근육을 긴장시켜 내는 자음입니다.

평음	ㄱ	ㄷ	ㅂ	ㅅ	ㅈ
격음	ㅋ	ㅌ	ㅍ		ㅊ
경음	ㄲ	ㄸ	ㅃ	ㅆ	ㅉ

Tips

❶ 'ㄲ, ㄸ, ㅃ, ㅆ, ㅉ'는 발음을 할 때 입 밖으로 공기가 나오지 않는 자음입니다. 다른 자음에 비해 음이 높습니다. [ㄱ, ㄷ, ㅂ, ㅅ, ㅈ] 소리를 내면서 턱을 당기고 목에 힘을 주고 발음합니다.

❷ 'ㅋ, ㅌ, ㅍ, ㅊ'는 발음을 할 때 입 밖으로 공기가 많이 나오는 자음입니다. 입안의 공기를 아주 세게 밖으로 내보내면서 발음합니다. 손이나 휴지를 입에 대고 발음해 봅니다.

	ㅏ	ㅑ	ㅓ	ㅕ	ㅗ	ㅛ	ㅜ	ㅠ	ㅡ	ㅣ
ㄲ	까									
ㄸ										
ㅆ					또					
ㅃ										
ㅉ										

	ㅐ	ㅒ	ㅔ	ㅖ	ㅘ	ㅙ	ㅚ	ㅝ	ㅞ	ㅟ	ㅢ
ㄲ											
ㄸ	때										
ㅆ							쐬				
ㅃ											
ㅉ											

연습 4

1. 잘 듣고 맞는 것을 고르세요. 0-7

1) ① 까   ② 따   ③ 빠   2) ① 토   ② 또   ③ 도

3) ① 꼬   ② 고   ③ 코   4) ① 비   ② 피   ③ 삐

5) ① 수   ② 주   ③ 쑤   6) ① 즈   ② 쯔   ③ 츠

2. 잘 듣고 써 보세요. 0-8

단어	연습	단어	연습
가짜		비싸다	
까치		아빠	
꼬리		뽀뽀	
로또		찌개	
머리띠		토끼	

'CVC(자음+모음+자음)' 구성의 글자에서 모음 뒤에 오는 자음을 '받침'이라고 합니다. 대부분의 자음을 받침으로 쓸 수 있지만 받침의 발음은 [ㄱ, ㄴ, ㄷ, ㄹ, ㅁ, ㅂ, ㅇ]의 7개로 소리가 납니다.

받침	발음	단어
ㄱ , ㅋ , ㄲ	[k]	약 , 가족 , 부엌 , 밖 , 낚시
ㄴ	[n]	눈 , 산 , 친구 , 편지
ㄷ , ㅅ , ㅆ ㅈ , ㅊ , ㅌ , ㅎ	[t]	듣다 , 옷 , 있다 , 낮 , 꽃 , 끝 , 파랗다
ㄹ	[l]	길 , 말 , 발 , 서울
ㅁ	[m]	몸 , 밤 , 사람 , 이름
ㅂ , ㅍ	[p]	밥 , 입 , 앞 , 무릎
ㅇ	[ŋ]	강 , 공 , 방 , 공항

Tips

❶ 한국어에서 'ㄵ, ㄶ, ㄼ, ㅄ, ㄺ, ㄻ'과 같은 겹자음은 받침에만 있습니다. 어절 끝에 오거나 뒤에 자음이 오면 대표음 하나만 발음합니다.

· ㄵ, ㄶ, ㄼ, ㅄ: 첫 번째 자음으로 발음합니다.

예 앉다[안따], 많다[만타], 여덟[여덜], 값[갑], 없다[업따]

· ㄺ, ㄻ: 두 번째 자음으로 발음합니다.

예 닭[닥], 밝다[박따], 맑다[막따], 삶[삼], 젊다[점따]

❷ 받침 뒤에 모음이 오면 자음을 이어서 발음합니다.

예 한국어[한구거], 음악[으막], 월요일[워료일]

❸ 겹받침 뒤에 모음이 오면 두 번째 자음만 이어서 발음합니다.

예 앉아요[안자요], 읽으세요[일그세요]

▶ 써 보세요.

	아	고	나	더	로	머	부	시	줘	회
ㄱ	악									
ㄴ										
ㄷ										
ㄹ					를					
ㅁ										
ㅂ										

▶ 단어를 찾아 보세요.

가방 교실 김치 신문 부엌 안경 수업 책상 한국 학생

교	실	국	신	책	상	산	부
물	한	꽃	앙	문	촛	밥	억
밤	학	수	염	가	김	치	족
안	경	생	업	전	방	밭	말

연습 5

1. 잘 듣고 맞는 것을 고르세요. 🎧 0-9

  1) ① 삼　　② 산　　③ 상　　　2) ① 번　　② 법　　③ 벌

  3) ① 길　　② 깃　　③ 긴　　　4) ① 꽃　　② 꼭　　③ 꽁

  5) ① 업　　② 억　　③ 었　　　6) ① 항　　② 학　　③ 함

2. 잘 듣고 써 보세요. 🎧 0-10

단어	연습	단어	연습
가족		무릎	
가방		밖	
교실		부엌	
꽃		옷	
끝		이름	
낮		있다	
돈		집	
듣다		히읗 ㅎ	

❸ 종합 연습

몸 Body

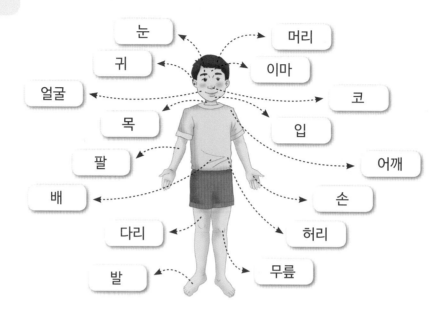

교실 Classroom

장소 Place

공항

극장

도서관

백화점

병원

식당

약국

우체국

은행

커피숍

학교

회사

한국 Korea

한복

한강

불고기

비빔밥

서울

김치

인삼

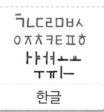
한글

무궁화

태권도

태극기

한옥

안녕하세요?

43

들어요 🎧

🎧 1-1

김선우   안녕하세요? 저는 김선우예요.

미린   안녕하세요? 저는 미린이에요.

김선우   미린 씨는 중국 사람이에요?

미린   아니요, 저는 중국 사람이 아니에요. 베트남 사람이에요.

김선우   저는 한국 사람이에요. 반가워요.

1. 이름이 뭐예요?

2. 미린 씨는 어느 나라 사람이에요?

3. 김선우 씨는 한국 사람이에요?

나라

보기

① 한국	② 몽골	③ 중국	④ 러시아	⑤ 독일
⑥ 영국	⑦ 프랑스	⑧ 이집트	⑨ 태국	⑩ 베트남
⑪ 호주	⑫ 일본	⑬ 미국	⑭ 콜롬비아	⑮ 페루

직업

①

②

③

④

⑤

⑥

⑦

⑧

⑨

⑩

⑪

⑫

보기

① 선생님	② 학생	③ 회사원	④ 요리사
⑤ 의사	⑥ 간호사	⑦ 가수	⑧ 배우
⑨ 경찰관	⑩ 기자	⑪ 군인	⑫ 운동선수

문법과 표현 1

N이에요/예요, N이에요/예요?

- 학생이에요.
- 빅토르예요.

- 가 베트남 사람이에요?
- 나 네, 베트남 사람이에요.

N			
받침 ○	이에요, 이에요?	학생이에요, 학생이에요?
받침 ×	예요, 예요?	빅토르예요, 빅토르예요?

보기 와 같이 이야기해 보세요.

1) 보기

미린

가 이름이 뭐예요?
나 미린이에요.

①

장홍

②

줄리

③

빅토르

④

자르갈

⑤

폴

⑥

루카스

새단어 사람 | 네 | 이름 | 뭐

1) 보기

한국 사람

가 어느 나라 사람이에요?
나 한국 사람이에요.

①
중국 사람

②
러시아 사람

③
몽골 사람

④
독일 사람

⑤
베트남 사람

⑥
미국 사람

2) 보기

선생님

가 직업이 뭐예요?
나 선생님이에요.

①
의사

②
회사원

③
요리사

④
학생

⑤
가수

⑥
경찰관

보기와 같이 이야기해 보세요.

보기

빅토르/러시아 사람

가 이름이 뭐예요?
나 빅토르예요.
가 한국 사람이에요?
나 아니요, 러시아 사람이에요.

①
자르갈/몽골 사람

②
줄리/프랑스 사람

③
폴/독일 사람

④
장홍/중국 사람

⑤
루카스/콜롬비아 사람

⑥
미린/베트남 사람

 보기와 같이 이야기해 보세요.

보기

이하경/학생

가 이 사람은 누구예요?
나 이하경 씨예요.
가 의사예요?
나 아니요, 학생이에요.

①
폴/요리사

②
조엔/선생님

③
박미진/경찰관

④
루카스/학생

⑤
빅토르/회사원

⑥
흐엉/가수

새단어 아니요 | 누구 | 씨

1과 안녕하세요? · 39

N은/는

- 저는 미린이에요.
- 장홍은 중국 사람이에요.

- 가 조엔 씨는 선생님이에요?
  나 네, 저는 선생님이에요.

N			
	받침 ○	은	장홍은
	받침 ×	는	저는

보기 와 같이 이야기해 보세요.

보기

장홍/중국사람

가 장홍은 어느 나라 사람이에요?
나 장홍은 중국 사람이에요.

①

미린/베트남 사람

②

빅토르/러시아 사람

③

자르갈/몽골 사람

④

루카스/콜롬비아 사람

보기 와 같이 이야기해 보세요.

보기

미린/베트남 사람/학생

가 미린 씨는 어느 나라 사람이에요?
나 저는 베트남 사람이에요.
가 미린 씨는 회사원이에요?
나 아니요, 저는 학생이에요.

①

자르갈/몽골 사람/학생

②

폴/독일 사람/요리사

③

조엔/미국 사람/선생님

④

줄리/프랑스 사람/학생

새단어 저

말하기 1

1 보기 와 같이 이야기해 보세요.

1-2

보기

줄 리   안녕하세요? 저는 줄리예요.

자르갈 안녕하세요? 저는 **자르갈**이에요.

줄 리   **자르갈** 씨는 어느 나라 사람이에요?

자르갈 저는 **몽골 사람**이에요.

줄 리   **자르갈** 씨는 **학생**이에요?

자르갈 네, 저는 **학생**이에요.

보기	①	②	③
자르갈	조엔	폴	빅토르
몽골 사람	미국 사람	독일 사람	러시아 사람
학생	선생님	요리사	회사원

2 친구들 앞에서 자기소개를 해 보세요.

안녕하세요?
저는 자르갈이에요.
저는 몽골 사람이에요.
저는 학생이에요.
반가워요.

N이/가 아니에요

- 가 미린 씨는 중국 사람이에요?

  나 아니요, 저는 중국 사람이 아니에요.

- 가 빅토르 씨는 의사예요?

  나 아니요, 저는 의사가 아니에요.

N	받침 ○	이 아니에요	중국 사람이 아니에요
	받침 ×	가 아니에요	의사가 아니에요

보기 와 같이 이야기해 보세요.

보기

가 선생님이에요?
나 아니요, 선생님이 아니에요.

①  ②  ③  ④

보기 와 같이 이야기해 보세요.

보기

가 줄리 씨는 한국 사람이에요?
나 아니요, 한국 사람이 아니에요. 프랑스 사람이에요
가 줄리 씨는 의사예요?
나 아니요, 의사가 아니에요. 저는 학생이에요.

의사×, 학생○

①  ②  ③  ④

학생×, 선생님○   가수×, 회사원○   회사원×, 학생○   기자×, 요리사○

말하기 2

1 보기와 같이 이야기해 보세요.

보기

줄 리   이하경 씨, 이 사람은 누구예요?

이하경   장홍 씨예요.

줄 리   안녕하세요? 줄리예요. 장홍 씨는 한국 사람이에요?

장 홍   아니요, 한국 사람이 아니에요. 중국 사람이에요.

줄 리   장홍 씨는 의사예요?

장 홍   아니요, 의사가 아니에요. 학생이에요.

보기	①	②	③
장홍	빅토르	조엔	폴
중국 사람	러시아 사람	미국 사람	독일 사람
학생	회사원	선생님	요리사

2 세 사람이 소개해 보세요.

이 사람은 누구예요?
한국 사람이에요?
의사예요?

듣고 말하기

🌑 여러분 반 친구들은 어느 나라 사람이에요? 다음을 듣고 대답해 보세요.

1 빅토르 씨는 러시아 사람이에요?

① 네   ② 아니요

2 미린 씨는 어느 나라 사람이에요?

① 한국 사람   ② 중국 사람   ③ 베트남 사람   ④ 러시아 사람

3 미린 씨는 직업이 뭐예요?

① 학생   ② 선생님   ③ 회사원   ④ 요리사

🗣️ 친구와 이야기해 보세요.

1 친구에게 물어보세요.

가: 어느 나라 사람이에요?
나: _____.

가: 이름이 뭐예요?
나: _____.

가: 직업이 뭐예요?
나: _____.

2 반 친구와 선생님 앞에서 친구를 소개해 보세요.

이 사람은 빅토르 씨예요.
빅토르 씨는 러시아 사람이에요.
회사원이에요.

읽고 쓰기

● 자기소개를 어떻게 해요? 다음을 읽고 대답해 보세요.

안녕하세요?

저는 조엔이에요.

미국 사람이에요.

선생님이에요.

만나서 반가워요.

1 이름이 뭐예요?

_____

2 맞으면 ○, 틀리면 ✕ 하세요.

① 이 사람은 미국 사람이에요.

② 이 사람은 요리사예요.

여러분 얼굴을 그리고 자기소개를 써 보세요.

안녕하세요?

연음 1 🎧 1-5

💿 들어 보세요.

① 독일   ② 직업   ③ 어린이   ④ 이름이

💿 듣고 따라해 보세요.

① 저는 독일 사람이에요.

② 이름이 뭐예요?

③ 빅토르 씨는 회사원이에요.

④ 가   직업이 뭐예요?
    나   저는 경찰관이에요.

⑤ 가   줄리 씨, 선생님이에요?
    나   아니요, 저는 선생님이 아니에요.

새단어   어린이

이건 뭐예요?

🎧 2-1

조엔	이건 뭐예요?
장홍	지우개예요.
조엔	누구 지우개예요?
장홍	미린 씨의 지우개예요.
조엔	장홍 씨도 지우개가 있어요?
장홍	아니요, 저는 지우개가 없어요.

1. 이건 뭐예요?

2. 누구 지우개예요?

3. 장홍 씨도 지우개가 있어요?

어휘

물건

보기

① 문   ② 창문   ③ 시계   ④ 책상

⑤ 의자   ⑥ 필통   ⑦ 지우개   ⑧ 연필

⑨ 공책   ⑩ 가방   ⑪ 휴대폰   ⑫ 모자

⑬ 안경   ⑭ 컴퓨터   ⑮ 우산   ⑯ 지갑

가족

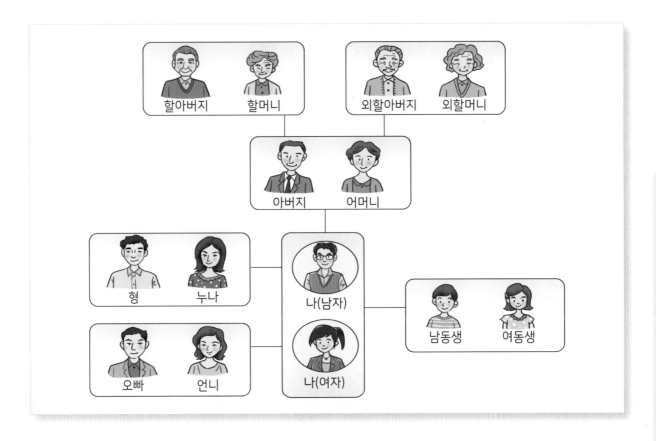

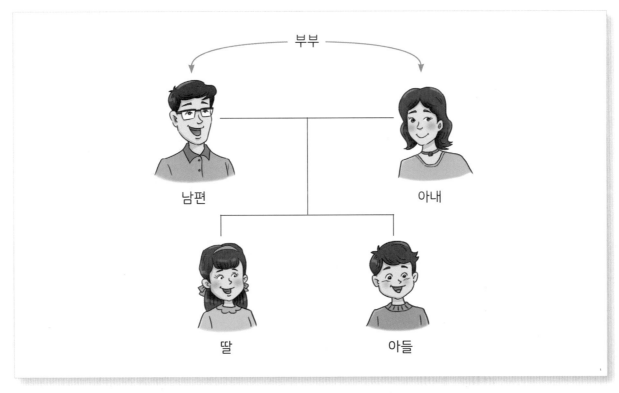

이것/그것/저것

이건 뭐예요? 책이에요.

그건 뭐예요? 가방이에요

저건 뭐예요? 시계예요.

- 이것은 = 이건
- 그것은 = 그건
- 저것은 = 저건

- 가 이건 뭐예요?

  나 책이에요.

- 가 그건 뭐예요?

  나 가방이에요.

- 가 저건 뭐예요?

  나 시계예요.

보기 와 같이 이야기해 보세요.

1) 보기

가 이건 뭐예요?
나 공책이에요.

①

②

③

④

2) 보기

가 이건 뭐예요?
나 공책이에요.
가 그럼 그건 뭐예요?
나 필통이에요.

①

②

③

④

새단어 운동화 | 구두 | 칠판

N의

- 가 누구의 책이에요?
  나 미린의 책이에요.

- 가 누구의 가방이에요?
  나 제 가방이에요.

| N | 받침 ○, × | 친구의 시계
선생님의 지갑 |

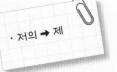
· 저의 → 제

보기 와 같이 이야기해 보세요.

보기

가 누구의 공책이에요?
나 조엔 씨의 공책이에요.

조엔

①
빅토르

②
선우

③
장홍

④
선생님

보기 와 같이 이야기해 보세요.

보기

가 이건 뭐예요?
나 공책이에요.
가 누구의 공책이에요?
나 제 공책이에요.

①

②

③

④

말하기 1

2-2

1 보기 와 같이 이야기해 보세요.

> **보기**
>
> 자르갈 이건 뭐예요?
>
> 빅토르 시계예요.
>
> 자르갈 누구의 시계예요?
>
> 빅토르 제 시계예요.
>
> 자르갈 그 가방은 누구 거예요?
>
> 빅토르 루카스 씨 거예요.

보기	①	②	③
시계	지우개	휴대폰	볼펜
가방	책	카메라	시계
루카스 씨	조엔 씨	장홍 씨	줄리 씨

2 이건 뭐예요? 친구와 이야기해 보세요.

이건 뭐예요?

누구 거예요?

모자예요.

빅토르 씨 거예요.

새단어 휴대폰 | 카메라

N이/가 있다/없다

- 책이 있어요.

  저는 한국 친구가 없어요.

- 가 연필이 있어요?

  나 아니요, 연필이 없어요.

N			
	받침 ○	이 있어요/없어요	책이 있어요/없어요
	받침 ×	가 있어요/없어요	친구가 있어요/없어요

보기 와 같이 이야기해 보세요.

보기

책

가 책이 있어요?
나 네, 책이 있어요.

①
볼펜

②
우산

③
시계

④
한국 친구

보기 와 같이 이야기해 보세요.

보기

지우개

가 지우개가 있어요?
나 아니요, 지우개가 없어요.

①
모자

②
가방

③
돈

④
누나

새단어 돈

문법과 표현 4

N도

- 선우 씨는 한국 사람이에요. 하경 씨도 한국 사람이에요.
- 이것은 제 책이에요. 저것도 제 책이에요.
- 하경 씨는 여동생이 있어요. 남동생도 있어요.

N	받침 ○, ×	책도 친구도

🗣️ 보기 와 같이 이야기해 보세요.

1) 보기

베트남 사람

미린 씨/흐엉 씨

가 미린 씨는 베트남 사람이에요?
나 네, 베트남 사람이에요.
가 흐엉 씨도 베트남 사람이에요?
나 네, 흐엉 씨도 베트남 사람이에요.

① 한국 사람

하경 씨/선우 씨

② 의사

어머니/아버지

③ 학생

자르갈 씨/루카스 씨

④ 회사원

형/누나

2) 보기

공책

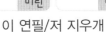

이 공책/저 우산

가 이 공책은 루카스 씨 거예요?
나 네, 제 공책이에요.
가 저 우산도 루카스 씨 거예요?
나 네, 저것도 제 거예요.

① 미린   미린

이 연필/저 지우개

② 폴   폴

이 시계/저 공

③ 빅토르   빅토르

이 모자/저 휴대폰

새단어 공

말하기 2

1 보기 와 같이 이야기해 보세요.

 2-3

보기

미린 장홍 씨, **연필**이 있어요?

장홍 네, 있어요.

미린 **볼펜**도 있어요?

장홍 아니요, **볼펜**은 없어요.

보기	①	②	③
연필	**책**	**물**	**휴지**
볼펜	공책	커피	비누

2 가족에 대해 친구와 이야기해 보세요.

조엔 씨, 여동생이 있어요?

남동생도 있어요?

네, 있어요.

아니요, 남동생은 없어요.

조엔 씨	여동생이 있어요.	남동생이 없어요.
_____씨		
_____씨		
_____씨		

새단어 물 | 커피 | 휴지 | 비누

듣고 말하기

● 여러분 책상 위에 무엇이 있어요? 다음을 듣고 대답해 보세요.

1 맞는 것을 고르세요.

①

②

③

④

- 이것이 = 이게
- 그것이 = 그게
- 저것이 = 저게

2 장홍 씨는 무엇이 없어요?

_____

🗣 무엇이 있어요? 누구의 물건이에요? 친구와 이야기해 보세요.

장홍 씨, 그게 뭐예요?

연필이 있어요?

저건 누구 가방이에요?

제 시계예요.

아니요, 연필이 없어요.

저건 폴 씨의 가방이에요.

✏ 새단어 가위

읽고 쓰기

● 여러분 가족사진이 있어요? 다음을 읽고 대답해 보세요.

제 가족사진이에요.

저는 여동생이 있어요. 누나도 있어요.

저는 형이 없어요. 남동생도 없어요.

이분은 누나의 남편이에요. 이 아이는 제 조카예요.

1 가족사진에 누가 있어요?

① 남동생, 형이 있어요.　　　　② 남동생, 조카가 있어요.
③ 여동생, 누나가 있어요.　　　　④ 여동생, 남동생이 있어요.

2 가족사진에 누가 없어요?

_____

✏ 여러분의 가족사진을 그리세요. 그리고 써 보세요.

제 가족사진이에요.

새단어 ┃ 사진 ┃ 조카

한국인의 인사와 호칭

● 한국 사람들은 어떻게 인사할까요? 다른 사람을 부를 때 어떻게 말할까요?

💡 웃어른께 인사할 때 고개를 숙여서 인사해요. 악수를 하거나 손을 들어 흔들면서 인사하면 안 돼요.

💡 다른 사람을 부를 때 이름에 '씨'를 붙여서 '이하경 씨', '하경 씨'라고 불러요. 성에 '씨'를 붙여서 '이 씨'라고 부르면 안 돼요.

새단어 | 웃어른 | 인사하다 | 고개 | 숙이다 | 악수 | 손 | 들다 | 흔들다 | 다른 | 부르다 | 붙이다 | 성

친구하고 같이 영화를 봐요

🎧 3-1

장홍	미린 씨, 오늘 뭐 해요?
미린	친구하고 같이 영화를 봐요. 장홍 씨는 오늘 뭐 해요?
장홍	저는 요리를 해요.
미린	한국 요리를 해요?
장홍	아니요, 한국 요리를 안 해요. 중국 요리를 해요.

1. 미린 씨는 오늘 영화를 봐요?
2. 미린 씨는 누구하고 영화를 봐요?
3. 장홍 씨는 오늘 뭐 해요?

어휘

동사

V-아요/어요

- 미린 씨가 가요.

  장흥 씨가 먹어요.

- 가 뭐 해요?

  나 공부해요.

- ㅏ + ㅏ = ㅏ 가요
- ㅗ + ㅏ = ㅘ 와요
- ㅣ + ㅓ = ㅕ 마셔요
- ㅜ + ㅓ = ㅝ 배워요

V	ㅏ, ㅗ O	+ -아요	가요
	ㅏ, ㅗ ×	+ -어요	먹어요, 마셔요
	하다	→ 해요	공부해요

- 듣다 ➡ 들어요

 보기 와 같이 이야기해 보세요.

보기

사다

가 사요?
나 네, 사요.

①

만나다

②

배우다

③

읽다

④

전화하다

⑤

마시다

⑥

운동하다

보기

자다 ✕

마시다 ○

가 자요?
나 아니요.
가 그럼 뭐 해요?
나 마셔요.

①

먹다 ✕

쉬다 ○

②

운동하다 ✕

공부하다 ○

③

읽다 ✕

만나다 ○

④

보다 ✕

일하다 ○

⑤

가르치다 ✕

배우다 ○

⑥

이야기하다 ✕

듣다 ○

새단어 가르치다

N을/를

- 폴 씨가 밥을 먹어요.

  저는 영화를 봐요.

- 가 오늘 뭐 해요?

  나 친구를 만나요.

N	받침 ○	을	밥을
	받침 ×	를	우유를

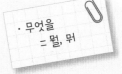

· 무엇을
= 뭘, 뭐

보기 와 같이 이야기해 보세요.

보기

가 뭐 먹어요?
나 빵을 먹어요.

먹다
빵 ✓ 사과 비빔밥

마시다
물 커피 주스

보다
영화 그림 텔레비전

읽다
책 신문 만화책

사다
꽃 가방 케이크

배우다
수영 태권도 테니스

새단어 밥 | 우유 | 빵 | 사과 | 비빔밥 | 주스 | 영화 | 그림 | 텔레비전 | 신문 | 만화책 | 꽃 | 케이크 | 수영 | 태권도 | 테니스

말하기 1

1 보기 와 같이 이야기해 보세요.

보기
빅토르	미린 씨, 지금 뭐 해요?
미 린	영화를 봐요.
빅토르	한국 영화를 봐요?
미 린	아니요, 베트남 영화를 봐요. 빅토르 씨는 뭐 해요?
빅토르	저는 숙제해요.

보기	①	②	③
영화/보다	옷/사다	책/읽다	사진/찍다
한국 영화/보다	바지/사다	한국어 책/읽다	음식 사진/찍다
베트남 영화/보다	치마/사다	베트남어 책/읽다	꽃 사진/찍다
숙제하다	일하다	요리하다	청소하다

2 여러분은 오늘 뭐 해요? 친구와 이야기해 보세요.

폴 씨, 오늘 뭐 해요?

태권도를 배워요.

폴 씨	태권도를 배워요.
_____ 씨	
_____ 씨	

3 지금 친구가 뭐 해요? 친구의 행동을 보고 이야기해 보세요.

물을 마셔요.

새단어 지금 | 숙제(를) 하다 | 옷 | 바지 | 치마 | 찍다 | 음식 | 청소하다

안 V

- 폴 씨는 고기를 안 먹어요.

  장홍 씨는 공부 안 해요.

- 가 줄리 씨도 와요?

  나 아니요, 안 와요.

V	받침 O, ×	안 V	안 먹다
			안 오다
	하다	안 하다	공부 안 하다

- 듣다 ➡ 들어요

 보기 와 같이 이야기해 보세요.

보기

커피, 마시다

가 빅토르 씨, 지금 커피를 마셔요?
나 아니요, 커피를 안 마셔요.

①

친구, 만나다

②

책, 읽다

③

운동하다

④

영어, 배우다

⑤

자다

⑥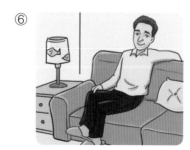

노래, 듣다

💬 보기 와 같이 이야기해 보세요.

보기

가 조엔 씨, 비빔밥을 먹어요?
나 아니요, 비빔밥을 안 먹어요.
　　불고기를 먹어요.

× ○

① × ○

② × ○

③ × ○

④ × ○

✏️새단어 불고기 | 채소 | 고기 | 축구 | 야구

문법과 표현 4

N하고

- 책하고 볼펜이 있어요.

  친구하고 (같이) 밥을 먹어요.

- 가 무엇을 배워요?

  나 한국어하고 태권도를 배워요.

N	받침 ○, ×	책하고 볼펜 어머니하고 동생

 보기 와 같이 이야기해 보세요.

보기

가 뭐가 있어요?
나 책상하고 의자가 있어요.

①    ②    ③    ④

 보기 와 같이 이야기해 보세요.

보기

가 누구하고 밥을 먹어요?
나 친구하고 밥을 먹어요.

친구, 밥을 먹다

①    ②    ③    ④

선생님, 커피를 마시다   동생, 영화를 보다   어머니, 요리를 하다   미린 씨, 쇼핑을 하다

 새단어   같이 | 김밥 | 라면 | 쇼핑(을) 하다

말하기 2

1 보기 와 같이 이야기해 보세요.

▶ 3-3

보기
조엔	수업이 끝나요. 그리고 뭘 해요?
장홍	친구하고 밥을 먹어요.
조엔	커피도 마셔요?
장홍	아니요, 커피는 안 마셔요.

보기	①	②	③
친구/밥을 먹다	동생/쇼핑하다	친구/탁구를 치다	룸메이트/청소하다
커피/마시다	영화/보다	맥주/마시다	빨래/하다
커피/안 마시다	영화/안 보다	맥주/안 마시다	빨래/안 하다

2 여러분은 뭘 좋아해요? 뭘 싫어해요? 친구와 이야기해 보세요.

뭘 좋아해요?

뭘 싫어해요?

햄버거하고 콜라를 좋아해요.

김밥하고 우유를 싫어해요.

좋아해요	싫어해요
햄버거, 콜라	김밥, 우유
_____	_____
_____	_____

새단어 수업 | 끝나다 | 그리고 | 탁구 | 치다 | 맥주 | 룸메이트 | 빨래(를) 하다 | 좋아하다 | 싫어하다 | 녹차 | 강아지 | 고양이 | 게임

듣고 말하기

3-4

🌘 여러분은 오늘 무엇을 해요? 다음을 듣고 대답해 보세요.

1 줄리 씨는 오늘 뭐 해요? 맞는 것을 고르세요.

①  ②  ③  ④

2 맞는 것을 고르세요.

① 줄리 씨는 팝송을 안 들어요.
② 줄리 씨는 케이팝 가수를 만나요.
③ 줄리 씨는 룸메이트하고 숙제를 해요.
④ 줄리 씨는 오늘 오후에 한국어를 공부해요.

🗣 보통 친구하고 뭐 해요? 친구와 이야기해 보세요.

자르갈 씨,
보통 친구하고 뭐해요?

친구하고 같이 쇼핑해요.

자르갈 씨	쇼핑해요.
_____씨	
_____씨	
_____씨	

✏️ 새단어 노래 | 혼자 | 케이팝(K-POP) | 팝송(pop song) | 그림 | 오늘 | 오후 | 보통

읽고 쓰기

● 여러분은 친구를 만나요. 그리고 무엇을 해요? 다음을 읽고 대답해 보세요.

> 저는 자르갈이에요. 오늘 약속이 있어요. 한국 친구를 만나요.
>
> 친구하고 같이 쇼핑해요. 옷하고 신발을 사요. 한국 음식도 먹어요.
>
> 저는 불고기를 좋아해요. 친구는 고기를 안 먹어요. 그래서 우리는 비빔밥을 먹어요.

1 자르갈 씨는 오늘 뭐 해요? 맞는 것을 고르세요.

①

②

③

④

2 글의 내용과 맞으면 ○, 틀리면 ✕ 하세요.

① 자르갈 씨는 혼자 쇼핑해요.

② 자르갈 씨는 옷을 사요. 신발도 사요.

③ 자르갈 씨의 친구는 불고기를 먹어요.

④ 자르갈 씨하고 친구는 비빔밥을 먹어요.

새단어 | 약속 | 신발 | 그래서 | 우리

여러분은 오늘 무엇을 해요? 써 보세요.

저는   이에요/예요. 오늘

🗒️ 연음 2 🎧 3-5

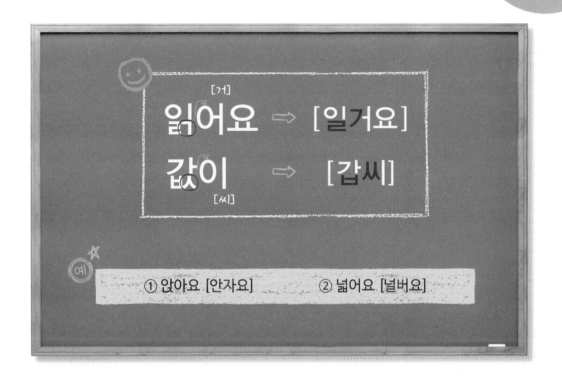

읽어요 ⇒ [일거요]

값이 ⇒ [갑씨]

① 앉아요 [안자요]   ② 넓어요 [널버요]

◑ 들어 보세요.

① 읽어요　　　　② 앉아요　　　　③ 닭을　　　　④ 몫이

◑ 듣고 따라해 보세요.

① 책을 읽어요.

② 여기 앉아요.

③ 가　지갑이 있어요?
　　나　아니요, 지갑이 없어요.

④ 가　뭘 사요?
　　나　생선하고 닭을 사요.

새단어　값 | 앉다 | 넓다 | 닭 | 몫 | 생선

어디에 가요?

들어요 🎧

🎧 4-1

줄리   장홍 씨, 어디에 가요?

장홍   식당에 가요. 줄리 씨는 어디에 가요?

줄리   저는 백화점에 가요. 백화점에서 친구를 만나고 쇼핑해요.

장홍   백화점이 어디에 있어요?

줄리   명동역 앞에 있어요.

. . . .

1. 장홍 씨는 어디에 가요?

2. 줄리 씨는 백화점에서 뭐 해요?

3. 백화점이 어디에 있어요?

어휘

장소

여기가 어디예요?

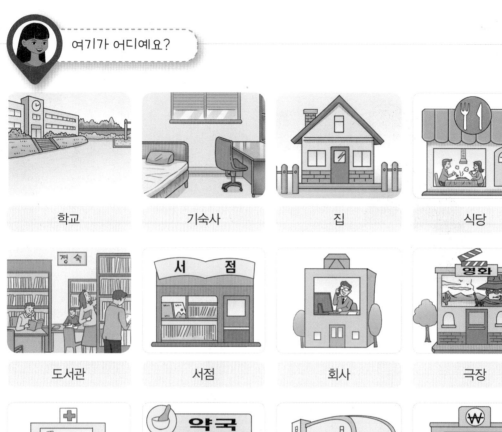

학교	기숙사	집	식당
도서관	서점	회사	극장
병원	약국	수영장	은행

저기가 어디예요?

백화점

편의점

우체국

노래방

위치

위	아래/밑	앞	뒤
옆	사이	안	밖

가 미린 씨가 어디에 있어요?

나 장홍 씨 오른쪽에 있어요.

가 루카스 씨가 어디에 있어요?

나 장홍 씨 왼쪽에 있어요.

문법과 표현 1

N에 있다/없다

- 빅토르 씨가 학교에 있어요.

  연필이 책상 위에 없어요.

- 가 지금 어디에 있어요?

  나 집에 있어요.

N	받침 O, ×	집에 있어요/없어요 학교에 있어요/없어요

보기 와 같이 이야기해 보세요.

보기

가 미린 씨가 어디에 있어요?
나 커피숍에 있어요.

미린/커피숍

①
조엔/백화점

②
장홍/극장

③
김선우/서점

④
루카스/은행

보기 와 같이 이야기해 보세요.

보기

가 연필이 어디에 있어요?
나 책상 위에 있어요.

새단어 어디 | 커피숍 | 노트북

N에 가다/오다

- 학교에 가요.
  친구가 우리 집에 와요.

- 가 어디에 가요?
  나 식당에 가요.

N		
받침 ○, ×	식당에 가요/와요 학교에 가요/와요	

보기 와 같이 이야기해 보세요.

보기

가 식당에 가요?
나 아니요, 서점에 가요.

①
②
③

보기 와 같이 이야기해 보세요.

보기

가 어디에 가요?
나 극장에 가요.

①
②
③
④

새단어 | 남대문 시장 | 빵집

말하기 1

1 보기와 같이 이야기해 보세요.

 4-2

> **보기**
>
> 이하경 지금 어디에 가요?
>
> 빅토르 어학원에 가요.
>
> 이하경 어학원이 어디에 있어요?
>
> 빅토르 기숙사 앞에 있어요.
>
> 이하경 그래요? 어학원에는 뭐가 있어요?
>
> 빅토르 교실하고 휴게실이 있어요.

보기	①	②	③
어학원	학생회관	기숙사	도서관
기숙사 앞	우체국 앞	학생회관 뒤	학생식당 왼쪽
교실/휴게실	식당/서점	커피숍/헬스장	컴퓨터실/편의점

2 그림을 보고 친구와 이야기해 보세요.

어디에 가요?

우체국에 가요.

우체국이 어디에 있어요?

병원 오른쪽에 있어요.

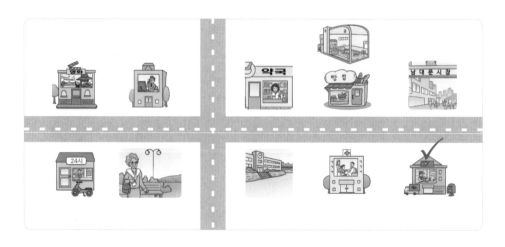

새단어 어학원 | 휴게실 | 학생회관 | 헬스장 | 컴퓨터실

문법과 표현 3

N에서

- 학교에서 한국어를 공부해요.

  극장에서 영화를 봐요.

- 가 어디에서 책을 읽어요?

  나 도서관에서 책을 읽어요.

N	받침 ○, ×	교실에서 학교에서

 보기 와 같이 이야기해 보세요.

보기

공부하다

가 어디에서 공부해요?
나 교실에서 공부해요.

①

쉬다

②

산책하다

③

일하다

④

우유를 사다

 보기 와 같이 이야기해 보세요.

보기

미린/식당

가 미린 씨, 어디에 가요?
나 식당에 가요.
가 식당에서 뭐 해요?
나 식당에서 밥을 먹어요.

①

폴/극장

②

선우/노래방

③

장홍/우체국

④

줄리/공항

새단어 산책(을) 하다 | 소포 | 공항

문법과 표현 4

V-고

- 밥을 먹고 커피를 마셔요.
  저는 매일 숙제하고 자요.

- 가 오늘 뭐 해요?
  나 친구하고 영화를 보고 쇼핑해요.

V	받침 ○, ×	먹고 만나고

 보기 와 같이 이야기해 보세요.

보기

운동하다/친구를 만나다

가 오늘 뭐 해요?
나 운동하고 친구를 만나요.

①

태권도를 배우다/샤워하다

②

책을 읽다/컴퓨터를 하다

③

영어를 가르치다/쉬다

④

아침을 먹다/학교에 가다

 매일 | 샤워하다 | 컴퓨터(를) 하다 | 아침

🗣️ **보기** 와 같이 이야기해 보세요.

보기

가 루카스 씨, 수업이 끝나고 뭐 해요?
나 책을 읽고 친구를 만나요.
가 친구를 만나고 뭐해요?
나 친구를 만나고 영화를 봐요.

보기

①

②

③

④

새단어 아르바이트(를) 하다 | 점심

말하기 2

1 보기 와 같이 이야기해 보세요.

보기

빅토르   오늘 뭐 해요?

자르갈   명동에 가요.

빅토르   명동에서 뭐 해요?

자르갈   쇼핑하고 영화를 봐요. 빅토르씨는 뭐 해요?

빅토르   회사에서 일해요.

보기	①	②	③
명동	동대문 시장	한강	인사동
쇼핑하다/ 영화를 보다	옷을 사다/ 친구를 만나다	산책하다/ 라면을 먹다	구경하다/ 차를 마시다
회사/일하다	집/요리하다	도서관/책을 읽다	학교/한국어를 배우다

2 여기에서 무엇을 해요? 친구와 이야기해 보세요.

헬스장에서 뭐 해요?

운동하고 샤워해요.

새단어   명동 | 동대문 시장 | 한강 | 인사동 | 구경하다 | 차

듣고 말하기

● 여러분은 오늘 무엇을 해요? 다음을 듣고 대답해 보세요.

1 줄리 씨는 오늘 뭐 해요?

2 루카스 씨는 어디에 가요?

①

②

③

④

🗣 오늘 어디에 가요? 거기에서 무엇을 해요? 친구와 이야기해 보세요.

미린 씨, 어디에 가요?

거기에서 뭐 해요?

도서관에 가요.

숙제를 하고 책을 읽어요.

새단어 거기

읽고 쓰기

● 학교에 무엇이 있어요? 다음을 읽고 대답해 보세요.

여기는 어학원이에요.

저는 매일 어학원에 가요. 어학원에서 한국어를 배워요.

저기는 기숙사예요. 기숙사는 학생회관 뒤에 있어요.

보통 기숙사에서 숙제를 하고 쉬어요.

1 미린 씨는 어학원에서 뭐해요?

① 　② 　③ 　④

2 글의 내용과 맞는 것을 고르세요.

① 기숙사가 학생회관 앞에 있어요.
② 미린은 어학원에서 영어를 공부해요.
③ 기숙사에서 보통 숙제를 하고 쉬어요.
④ 미린은 교실에서 친구들하고 이야기해요.

✎ 여러분이 좋아하는 장소는 어디예요? 그곳을 소개하는 글을 써 보세요.

여기는　　　　　　　　　　이에요/예요.

📋 서울의 명소

◐ 서울에서 어디가 유명해요? 여기에서 무엇을 해요?

여기는 홍대 앞이에요. 홍대 앞에 식당하고 가게가 많아요. 사람들이 길거리에서 음악을 듣고 쇼핑을 해요.

여기는 동대문 시장이에요. 사람들이 여기에서 옷하고 신발을 사요. 밤에 음식도 먹어요.

여기는 명동이에요. 명동 길거리 음식이 유명해요. 사람들이 쇼핑하고 음식을 먹어요.

여기는 경복궁이에요. 고궁하고 민속박물관이 있어요. 사람들이 여기에서 한복을 입고 사진도 찍어요.

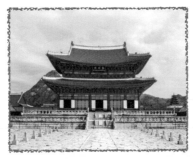

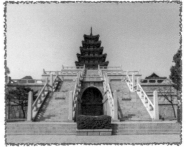

📃 새단어   홍대 | 가게 | 길거리 | 밤 | 유명하다 | 경복궁 | 고궁 | 민속박물관 | 한복 | 입다

주말에
축구를 했어요

학습목표 🎯

🎧 5-1

자르갈 루카스 씨, 주말에 뭐 했어요?

루카스 운동하고 집에서 쉬었어요.

자르갈 무슨 운동을 했어요?

루카스 친구하고 축구를 했어요. 자르갈 씨는 뭐 했어요?

자르갈 저는 한국 드라마를 봤어요.

루카스 매일 한국 드라마를 봐요?

자르갈 아니요, 금요일부터 일요일까지 봐요.

1. 루카스 씨는 주말에 뭐 했어요?

2. 루카스 씨는 무슨 운동을 했어요?

3. 자르갈 씨는 언제 한국 드라마를 봐요?

어휘

숫자1

0	1	2	3	4	5	6	7	8	9
영/공	일	이	삼	사	오	육	칠	팔	구

10	20	30	40	50	60	70	80	90	100
십	이십	삼십	사십	오십	육십	칠십	팔십	구십	백

가 전화번호가 몇 번이에요?

나 공일공에 칠오삼이에 사팔구일이에요.

날짜

월(Month)

1월	2월	3월	4월	5월	6월	7월	8월	9월	10월	11월	12월
일월	이월	삼월	사월	오월	유월	칠월	팔월	구월	시월	십일월	십이월

일(Day)

5월

일	월	화	수	목	금	토
1 일일	2 이일	3 삼일	4	5	6	7
8	9	10 십일	11 십일일	12	13	14
15	16	17	18	19 오늘	20	21
22	23	24 생일	25	26	27 이십칠일	28 이십팔일
29	30 삼십일	31				

가 오늘이 며칠이에요?

나 오월 십구 일이에요.

가 생일이 언제예요?

나 오월 이십사 일이에요.

시간1

5월

일	월	화	수	목	금	토
1	2	3	4	5	6	7
8	9	10	11	12	13	14
15	16	17	18 어제	19 오늘	20 내일	21
22	23	24	25	26	27	28
29	30	31				

지난주

이번 주

다음 주

3일 전	2일 전	어제	**오늘**	내일
3주 전	2주 전	지난주	**이번 주**	다음 주
3달 전	2달 전	지난달	**이번 달**	다음 달
3년 전	2년 전	작년	**올해**	내년

요일

Sunday	Monday	Tuesday	Wednesday	Thursday	Friday	Saturday
일요일	월요일	화요일	수요일	목요일	금요일	토요일

가 오늘이 무슨 요일이에요?

나 목요일이에요.

N에

- 월요일에 친구를 만나요.
  주말에 쇼핑해요.

- 가 언제 집에 가요?
  나 7월 5일에 집에 가요.

N	받침 O, X	월요일에 7월 5일에

- 오늘에
- 어제에
- 내일에

 보기 와 같이 이야기해 보세요.

보기

월요일

가 월요일에 뭐 해요?
나 학교에서 한국어를 공부해요.

① 수요일

② 주말

③ 생일

④ 오늘

 보기 와 같이 이야기해 보세요.

보기

5월

15일	20일
친구집	자전거

친구 집에 가다, 자전거를 타다

가 조엔 씨, 언제 친구 집에 가요?
나 5월 15일에 친구 집에 가요.
가 그럼 5월 20일에는 뭐 해요?
나 5월 20일에는 자전거를 타요.

① **4월**

11일	14일
여행	영어수업

여행하다,
영어를 가르치다

② **6월**

8일	9일
시험	컴퓨터게임

시험을 보다,
컴퓨터 게임을 하다

③ **9월**

16일	22일
등산	한국어

등산하다,
한국어를 배우다

④ **11월**

28일	30일
테니스	청소

테니스를 치다,
청소하다

새단어 주말 | 생일 | 자전거 | 타다 | 여행하다 | 시험을 보다 | 등산(을) 하다

문법과 표현 2

V-았어요/었어요

- 어제 비빔밥을 먹었어요.

  지난 주말에 영화를 봤어요.

- 가 어제 뭐 했어요?

  나 친구 집에 갔어요.

V			
	ㅏ, ㅗ O	+ -았어요	살았어요
	ㅏ, ㅗ X	+ -었어요	먹었어요
	하다	→ 했어요	공부했어요

 보기 와 같이 이야기해 보세요.

보기

가 어제 뭐 했어요?
나 친구를 만났어요.

친구를 만나다

①

책을 읽다

②

맥주를 마시다

③

텔레비전을 보다

④

숙제하다

친구와 이야기해 보세요.

① 어제 뭐 했어요?

② 주말에 뭐 했어요?

③ 오늘 아침에 뭐 먹었어요?

④ 어제 저녁에 누구를 만났어요?

⑤ 작년에 어디에 살았어요?

⑥ _____ ?

새단어 살다

말하기 1

5-2

1 보기와 같이 이야기해 보세요.

> **보기**
>
> 줄리   장홍 씨, 지난 **토요일**에 뭐 했어요?
>
> 장홍   친구하고 **명동**에 갔어요.
>
> 줄리   거기에서 뭐 했어요?
>
> 장홍   **쇼핑하고 저녁을 먹었어요.** 줄리 씨는 뭐 했어요?
>
> 줄리   저는 집에서 쉬었어요.

보기	①	②	③
토요일	주말	생일	방학
명동	N서울 타워	홍대 앞	부산
쇼핑하다/저녁을 먹다	구경하다/사진을 찍다	생일 파티를 하다/노래방에 가다	생선회를 먹다/바다에서 수영하다

2 지난 주말에 뭐 했어요? 친구와 이야기해 보세요.

어디에 갔어요?   누구하고 갔어요?   무엇을 했어요?

	어디에 갔어요?	누구하고 갔어요?	무엇을 했어요?
_____씨			
_____씨			
_____씨			

새단어   저녁 | N서울 타워 | 파티 | 방학 | 부산 | 생선회 | 바다

문법과 표현 3

무슨 N

- 가 무슨 음식을 좋아해요?

  나 불고기를 좋아해요.

- 가 무슨 영화를 봤어요?

  나 한국 영화를 봤어요.

N	받침 O, ×	무슨 음식 무슨 과일

 보기 와 같이 이야기해 보세요.

보기

가 장홍 씨, 무슨 음식을 좋아해요?

나 비빔밥을 좋아해요.

음식	✓**비빔밥**, 불고기, 삼계탕, 갈비, 떡볶이, 잡채, 파전, 냉면
과일	사과, 포도, 딸기, 수박, 바나나, 파인애플, 배, 귤
음악	클래식, 록, 재즈, 힙합, 발라드, 댄스
영화	코미디 영화, 로맨스 영화, 액션 영화, 공포 영화, 애니메이션
운동	축구, 농구, 수영, 야구, 태권도, 탁구, 배드민턴, 테니스
계절	봄, 여름, 가을, 겨울

보기 와 같이 이야기해 보세요.

보기

운동, 하다/농구

가 어제 저녁에 뭐 했어요?

나 친구하고 운동을 했어요.

가 무슨 운동을 했어요?

나 농구를 했어요.

①

과일, 사다/사과

②

영화, 보다/공포 영화

③

차, 마시다/전통차

④

음악, 듣다/클래식

 새단어 농구 | 과일 | 공포 영화 | 전통차 | 클래식

N부터 N까지

- 월요일부터 금요일까지 한국어를 배워요.
  7월 20일부터 8월 5일까지 여행해요.

- 가 언제부터 언제까지 기숙사에 살았어요?
  나 3월부터 6월까지 살았어요.

N부터 N까지	월요일부터 금요일까지 7월 20일부터 8월 5일까지

보기 와 같이 이야기해 보세요.

보기

가 미린 씨, 무슨 요일부터 무슨 요일까지 한국어를 공부해요?
나 월요일부터 금요일까지 한국어를 공부해요.

미린 씨의 일주일 생활

	월	화	수	목	금	토	일
오전		✓한국어 공부				운동	
오후	한국 드라마		한국요리		아르바이트		

① 무슨 요일부터 무슨 요일까지 한국 드라마를 봐요?
② 무슨 요일부터 한국 요리를 배워요?
③ 무슨 요일까지 운동을 해요?
④ 언제 아르바이트를 해요?

보기 와 같이 이야기해 보세요.

보기

가 빅토르 씨, 언제 **학교 축제**를 해요?
나 4월 25일부터 27일까지 해요.
가 무슨 요일부터 무슨 요일까지 해요?
나 수요일부터 금요일까지예요.

빅토르의 4월 스케줄

일	월	화	수	목	금	토
1	2	3	4	5	6	7
8	9	10	11	12	13	14
	←── 한국어 시험 ──→				←── 부산	
15	16	17	18	19	20	21
←여행→		←─── 테니스 수업 ───→				
22	23	24	25	26	27	28
			←── ✓학교 축제 ──→			
29	30					

새단어 드라마 | 축제 | 스케줄

말하기 2

1 보기 와 같이 이야기해 보세요.

보기

줄 리　루카스 씨, 목요일에 뭐 했어요?

루카스　한국어를 공부하고 노래를 배웠어요.

줄 리　무슨 노래를 배웠어요?

루카스　케이팝을 배웠어요.

줄 리　매일 케이팝을 배워요?

루카스　아니요, 월요일부터 금요일까지 케이팝을 배워요.

보기	①	②	③
노래/배우다	책/읽다	운동/하다	음식/만들다
케이팝/배우다	만화책/읽다	태권도/하다	고향 음식/만들다
월요일/금요일	화요일/목요일	월요일/목요일	목요일/토요일

2 친구의 일주일 생활을 묻고 대답해 보세요.

자르갈	월	화	수	목	금	토	일
오전			한국어 공부			춘천 여행 (닭갈비+남이섬 구경)	
오후	영화(기생충)		요리 수업(한국 요리)		쇼핑		

장홍	월	화	수	목	금	토	일
오전			한국어 공부			운동(농구)	
오후	컴퓨터 수업		아르바이트(중국어 수업)			친구 약속	인사동(전통차)

언제 한국어를 공부했어요?　　수요일에 뭐 했어요?　　춘천에서 무슨 음식을 먹었어요?

토요일부터 일요일까지 뭐 했어요?　　친구하고 무슨 운동을 했어요?　　?

새단어　고향 | 만들다 | 닭갈비 | 남이섬

듣고 말하기

🌙 여러분은 일요일에 뭐 했어요? 다음을 듣고 대답해 보세요.

1 조엔 씨는 일요일에 뭐 했어요?

① 　　②

③ 　　④

2 빅토르 씨는 일요일에 어디에 갔어요?

① 식당　　　② 빵집　　　③ 친구 집　　　④ 홍대 앞

3 맞는 것을 고르세요.

① 빅토르 씨는 조엔 씨하고 홍대 앞에 갔어요.
② 조엔 씨는 하경 씨 집에서 한국 음식을 먹었어요.
③ 하경 씨는 토요일하고 일요일에 생일 파티를 했어요.
④ 조엔 씨는 홍대 앞을 구경하고 하경 씨 집에 갔어요.

👥 여러분 생일은 언제예요? 지난 생일에 뭐 했어요? 친구와 이야기해 보세요.

가: 생일이 언제예요?
나: _____ .

가: 어디에 갔어요?
나: _____ .

가: 무슨 선물을 받았어요?
나: _____ .

가: 뭐 먹었어요?
나: _____ .

새단어 　잡채 | 미역국 | 정말 | 맛있다

읽고 쓰기

● 여러분은 주말에 뭐 했어요? 다음을 읽고 대답해 보세요.

저는 지난 주말에 친구를 만났어요. 토요일에는 친구하고 인사동에 갔어요. 인사동에서 한국의 옛날 물건을 구경하고 가족 선물을 샀어요. 한국 식당에서 점심을 먹고 찻집에서 전통차도 마셨어요.

일요일에는 경복궁에 갔어요. 경복궁은 4월부터 5월까지 꽃이 아주 예뻐요. 우리는 한복을 입고 산책했어요. 사진도 많이 찍었어요.

1 미린 씨는 주말에 어디에 갔어요? 모두 고르세요.

① 　② 　③ 　④

2 미린 씨하고 친구는 주말에 뭐 했어요? 맞는 것을 고르세요.

① 경복궁에서 친구 선물을 샀어요.
② 인사동 찻집에서 전통차를 마셨어요.
③ 경복궁에서 산책하고 점심을 먹었어요.
④ 인사동에서 한복을 입고 사진을 찍었어요.

3 미린 씨는 무슨 요일에 경복궁에 갔어요?

새단어 옛날 | 물건 | 선물 | 찻집 | 아주 | 예쁘다

여러분은 지난 주말에 뭐 했어요? 써 보세요.

	토요일	일요일
어디에 갔어요?		
누구하고 갔어요?		
무엇을 했어요?		

○ ○ ○ ○ ○ ○ ○ ○ ○ ○ ○ ○ ○ ○ ○ ○ ○ ○

저는 지난 주말에

숫자 '십(10)' 🎧 5-5

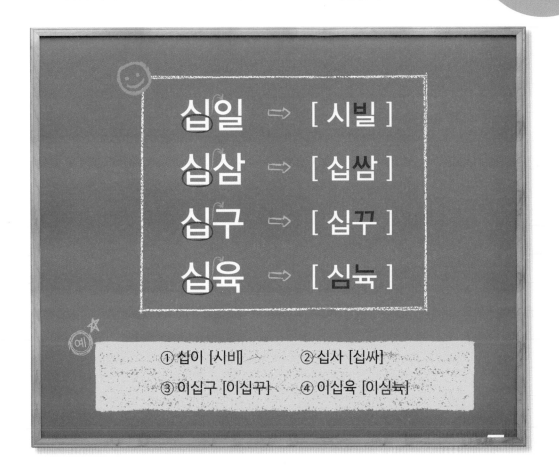

십일 ⇒ [시빌]
십삼 ⇒ [십쌈]
십구 ⇒ [십꾸]
십육 ⇒ [심뉵]

① 십이 [시비]   ② 십사 [십싸]
③ 이십구 [이십꾸]   ④ 이십육 [이심뉵]

◗ 들어 보세요.

① 십오   ② 이십사   ③ 삼십구   ④ 삼십육

◗ 듣고 따라해 보세요.

① 제 생일은 십이월 십사 일이에요.

② 십일월 이십육 일에 여행을 가요.

③ 가 오늘이 며칠이에요?
   나 십일월 십구 일이에요.

④ 가 언제 시험을 봐요?
   나 십이월 십삼 일부터 십오 일까지 봐요.

오전에는 바쁘지만 오후에는 괜찮습니다

듣어요 🎧

선생님	빅토르 씨, 내일 시간 있어요?
빅토르	네, 오전에는 바쁘지만 오후에는 괜찮습니다.
선생님	조엔 씨가 아파요. 반 친구들하고 같이 조엔 씨에게 가요.
빅토르	조엔 씨가 많이 아파요?
선생님	네, 지금 병원에 있어요.

1. 빅토르 씨는 내일 시간이 있어요?

2. 왜 조엔 씨에게 가요?

3. 조엔 씨가 지금 어디에 있어요?

어휘

숫자2

1	2	3	4	5	6	7	8	9	10
하나	둘	셋	넷	다섯	여섯	일곱	여덟	아홉	열

시간2

시		분	
1:00	하나 한 시	5	오 분
2:00	둘 두 시	10	십 분
3:00	셋 세 시	15	십오 분
4:00	넷 네 시	20	이십 분
5:00	다섯 시	25	이십오 분
6:00	여섯 시	30	삼십 분 = 반
7:00	일곱 시		
8:00	여덟 시	35	삼십오 분
9:00	아홉 시	40	사십 분
10:00	열 시	45	사십오 분
11:00	열한 시	50	오십 분
12:00	열두 시	55	오십오 분

 가 몇 시예요?

나 한 시 십 분이에요.

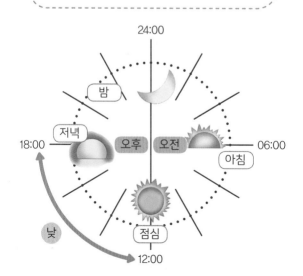

형용사1

많다 ↔ 적다		크다 ↔ 작다	
비싸다 ↔ 싸다		길다 ↔ 짧다	
높다 ↔ 낮다		편하다 ↔ 불편하다	
맛있다 ↔ 맛없다		재미있다 ↔ 재미없다	
빠르다 ↔ 느리다		친절하다	조용하다

A/V-습니다/습니까?

- 교실에 책상이 많습니다.
  어제 도서관에서 책을 읽었습니다.

- 가 언제 학교에 갑니까?
  나 9시까지 갑니다.

A / V	받침 ○	-습니다/습니까?	많습니다/많습니까?
	받침 ×	-ㅂ니다/ㅂ니까?	갑니다/갑니까?

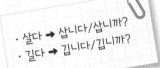
- 살다 ➡ 삽니다/삽니까?
- 길다 ➡ 깁니다/깁니까?

 보기 와 같이 이야기해 보세요.

1) 보기

가 한국어를 공부합니까?
나 네, 한국어를 공부합니다.

한국어, 공부하다

① 텔레비전, 보다

② 커피, 마시다

③ 밥, 먹다

④ 음악, 듣다

2) 보기

가 영화가 재미있습니까?
나 아니요, 재미없습니다.

영화, 재미있다

① 가방, 크다

② 옷, 싸다

③ 비빔밥, 맛있다

④ 신발, 편하다

문법과 표현 2

N에게/한테

- 빅토르 씨에게 책을 줘요.

  저는 부모님께 자주 전화해요.

- 가 지금 뭐 해요?

  나 친구한테 문자 메시지를 보내요.

N	받침 O, ×	친구에게/한테 동생에게/한테
		부모님께

보기 와 같이 이야기해 보세요.

보기

가 장홍 씨가 뭐 해요?
나 이하경 씨에게 꽃을 줘요.

장홍 → 이하경

①

김선우 → 누나

②

폴 → 줄리

③

조엔 → 자르갈

④

미린 → 줄리

보기 와 같이 이야기해 보세요.

보기

가 누구한테 인형을 선물해요?
나 여동생한테 인형을 선물해요.

인형, 선물하다/여동생

①

영어, 가르치다/미린

②

핸드폰, 주다/폴

③

소포, 보내다/자야

④

전화하다/줄리

보기 와 같이 이야기해 보세요.

보기

가 어머니께 무슨 선물을 드렸어요?
나 어머니께 시계를 드렸어요.

①
어머니

②
할아버지

③
할머니

④
아버지

⑤
선생님

새단어 드리다 | 인삼

말하기 1

1 보기 와 같이 이야기해 보세요.

> 보기
>
> 가 루카스 씨는 지금 무엇을 합니까?
>
> 나 친구에게 이메일을 보냅니다.
>
> 가 그럼 줄리 씨는 무엇을 합니까?
>
> 나 미린 씨한테 과자를 줍니다.

보기	①	②	③
루카스 씨	이하경 씨	장홍 씨	자르갈 씨
친구/ 이메일을 보내다	자르갈 씨/ 한국어를 가르치다	줄리 씨/ 전화하다	루카스 씨/ 책을 주다
줄리 씨	조엔 씨	빅토르 씨	폴 씨
미린 씨/과자를 주다	김선우 씨/ 영어를 가르치다	폴/편지를 보내다	친구/커피를 사 주다

2 여러분 친구가 무엇을 합니까? 친구와 이야기해 보세요.

> 자르갈 씨가 지금 무엇을 합니까?

> 친구한테 사탕을 줍니다.

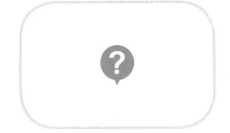

새단어 이메일 | 과자 | 편지 | 사 주다 | 사탕

문법과 표현 3

'으' 탈락

● 가 지금 바빠요?

　나 네, 바빠요.

● 가 지금 뭐 해요?

　나 친구에게 이메일을 써요.

A / V	'_' + -아요/어요 → ~~으~~ + -아요/어요	아파요, 고파요
		써요

 보기 와 같이 이야기해 보세요.

보기

가 배가 고파요?
나 네, 배가 고파요.

배, 고프다

①
빅토르 씨, 바쁘다

②
꽃, 예쁘다

③
교실, 크다

④
컴퓨터, 끄다

보기 와 같이 이야기해 보세요.

보기

가 다리가 어때요?
나 아파요.

다리/아프다

①
날씨/나쁘다

②
영화/슬프다

③
옷/크다

④
기분/기쁘다

 새단어　바쁘다 | 쓰다 | 아프다 | 고프다 | 끄다 | 나쁘다 | 슬프다 | 기쁘다

문법과 표현 4

A/V-지만

- 한국어는 어렵지만 재미있어요.
- 폴 씨는 김치를 좋아하지만 저는 김치를 싫어해요.
- 오전에는 날씨가 흐렸지만 지금은 좋아요.

A/V	받침 ○, ×	어렵지만 좋아하지만

 보기 와 같이 이야기해 보세요.

1) 보기

가   KTX가 어때요?
나   KTX는 빠르지만 조금 비싸요.

빠르다/비싸다

① 맵다/맛있다

② 힘들다/재미있다

③ 예쁘다/크다

2) 보기

가   커피가 어땠어요?
나   쌌지만 맛없었어요.

싸다/맛없다

① 비싸다/물건이 많다

② 멀다/좋다

③ 슬프다/재미있다

 새단어   어렵다 | 흐리다 | 어떻다 | 힘들다 | 멀다 | 좋다

보기 와 같이 이야기해 보세요.

보기

머리가 길다/머리가 짧다

가 모두 머리가 길어요?
나 아니요, 제 머리는 길지만 언니 머리는 짧아요.

①

싸다/비싸다

②

크다/작다

③

많다/적다

④

높다/낮다

보기 와 같이 이야기해 보세요.

보기

✓ 떡볶이를 좋아하다/떡볶이를 싫어하다

가 장홍 씨도 떡볶이를 좋아해요?
나 아니요, 폴 씨는 떡볶이를 좋아하지만
장홍 씨는 떡볶이를 싫어해요.

①

✓ 공부를 하다/게임을 하다

②

✓ 노래를 잘하다/노래를 못하다

③

✓ 책을 읽다/만화책을 보다

④

✓ 텔레비전을 보다/테니스를 치다

새단어 머리 | 떡볶이 | 잘하다 | 못하다

말하기 2

1 보기 와 같이 이야기해 보세요.

보기

줄리 　장흥 씨, 무슨 옷을 자주 입어요?

장흥 　저는 이 청바지를 자주 입어요.

줄리 　왜 이 청바지를 자주 입어요?

장흥 　이 청바지는 조금 크지만 편해요.

보기	①	②	③
옷/입다	영화/보다	음식/먹다	운동/하다
이 청바지/입다	로맨스 영화/보다	불고기/먹다	농구/하다
이 청바지/ 크다/편하다	로맨스 영화/ 슬프다/재미있다	불고기/ 비싸다/맛있다	농구/ 힘들다/재미있다

2 친구의 일주일 생활을 묻고 대답해 보세요.

한국 생활이 어때요?

재미있지만 조금 불편해요.

✓재미있다	재미없다	크다	작다	멋있다	비싸다	싸다	빠르다
편하다	예쁘다	나쁘다	좋다	느리다	✓불편하다	높다	낮다

한국 생활	재미있다	불편하다
한국 지하철		
한국 화장품		
기숙사 방		
?		

새단어 청바지 | 조금 | 로맨스 영화 | 한국 생활 | 지하철 | 화장품

듣고 말하기

● 여러분은 오늘 무엇을 해요? 다음을 듣고 대답해 보세요.

1 빅토르 씨는 보통 수업이 끝나고 무엇을 해요? 모두 고르세요.

①

②

③

④

2 맞는 것을 고르세요.

① 빅토르 씨는 오늘 많이 아픕니다.
② 빅토르 씨는 오늘 선생님과 병원에 갑니다.
③ 빅토르 씨는 오늘 도서관에서 숙제를 합니다.
④ 빅토르 씨는 오늘 점심을 먹고 한국어를 배웁니다.

🗣 여러분은 오늘 학교 친구와 무엇을 했어요? 친구와 이야기해 보세요.

> 오전에 뭐 했어요?

> 저녁에 뭐 했어요?

> 수업 끝나고 오후에 뭐 했어요?

> ?

새단어 요즘 | 하지만 | 많이

읽고 쓰기

● 여러분은 보통 하루를 어떻게 보내요? 다음을 읽고 대답해 보세요.

저는 루카스입니다. 보통 오전 일곱 시에 일어납니다. 아침을 먹고 여덟 시 삼십분에 학교에 갑니다. 아홉 시부터 오후 한 시까지 한국어를 공부합니다. 점심을 먹고 오후에는 친구하고 커피숍에서 공부합니다. 그 커피숍은 크고 편하지만 커피값이 조금 비쌉니다.

공부를 하고 편의점에서 샌드위치를 삽니다. 저녁을 먹고 일곱 시부터 여덟 시까지 운동을 합니다. 샤워를 하고 열한 시까지 숙제를 합니다 그리고 일기를 쓰고 잠을 잡니다.

1 루카스 씨는 몇 시에 학교에 가요?

①  ②  ③  ④

2 루카스 씨는 언제 운동해요?

_____

3 맞는 것을 고르세요.

① 루카스 씨는 아침 7시에 일어납니다.
② 루카스 씨는 밤 11시에 잠을 잡니다.
③ 루카스 씨는 오후 1시에 점심을 먹습니다.
④ 루카스 씨는 오후 7시에 저녁을 먹습니다.

새단어 일어나다 | 샌드위치 | 일기 | 잠

✏️ 여러분은 보통 하루를 어떻게 보내요? 하루 일과를 써 보세요.

시간	무엇을 합니까?
아침 _____ 시	일어납니다.
_____ 시	
_____ 시	
_____ 시	
_____ 시	
_____ 시	
_____ 시	

저는 보통 아침 ⬜ 시에 일어납니다.

📋 한국 대학 축제

◗ 한국에서 대학 축제는 어떻게 할까요?

여러 가지 게임을 해요.

여러 가지 음식을 먹어요.

가수가 노래를 해요.

여러 가지 운동 경기를 해요.

여러 가지 물건을 팔아요.

🖊️새단어 여러 가지 | 경기(를) 하다 | 팔다

한번 입어 보세요

들어요 🎧

줄 리   하경 씨, 이 티셔츠 어때요?

이하경   예쁘네요. 한번 입어 보세요.

줄 리   어, 저 티셔츠도 멋있네요. 하지만 좀 비싸요. 35,000원이에요.

이하경   그럼 이 티셔츠만 입어 보세요.

⭐ ⭐ ⭐

줄 리   어때요? 괜찮아요?

이하경   네, 잘 어울려요.

줄 리   저기요, 이거 하나 계산해 주세요.

1. 줄리 씨하고 하경 씨가 지금 무엇을 해요?

2. 줄리 씨는 무엇을 사요?

3. 티셔츠가 어때요?

어휘

돈

동전	십 원	오십 원	백 원	오백 원
지폐	천 원	오천 원	만 원	오만 원

읽어 보세요.

₩110	백십 원	₩100,000	십만 원
₩1,500	천오백 원	₩1,000,000	백만 원
₩20,000	이만 원	₩10,000,000	천만 원

가격

₩950   ₩4,500   ₩10,000   ₩37,000   ₩68,200   ₩1,120,000

가 우유가 얼마예요?

나 구백오십 원이에요.

단위 명사

개

명

마리

장

병

잔

권

그릇

송이

 연습해 보세요.

가 사과가 몇 개 있어요?

나 두 개 있어요.

가 아이가 몇 명 있어요?

나 한 명 있어요.

N만

- 가 가족이 모두 한국에 있어요?

  나 아니요, 저만 한국에 있어요.

- 가 운동화도 샀어요?

  나 아니요, 가방만 샀어요.

N	받침 ○, ×	저만 가방만

N에만, N에서만
- 오전에만
- 식당에서만

 보기 와 같이 이야기해 보세요.

보기

가 누가 교실에 있어요?
나 폴 씨만 교실에 있어요.

교실, 있다/폴 씨

①

회사,다니다/빅토르 씨

②

커피, 마시다/자르갈 씨

③

태권도, 배우다/폴 씨

④

한국 친구, 많다/조엔 씨

보기 와 같이 이야기해 보세요.

보기

오전 ○ 오후 ×

가 오전에 수업이 있어요?
나 네, 오전에 수업이 있어요.
가 오후에도 수업이 있어요?
나 아니요, 오전에만 수업이 있어요.

①

아침 ○ 저녁 ×

②

주말 ○ 평일 ×

③

시장 ○ 백화점 ×

④

헬스장 ○ 집 ×

 새단어 모두 | 다니다 | 평일

V-아 주세요/어 주세요

- 창문 좀 닫아 주세요.
- 죄송하지만 사진 좀 찍어 주세요.
- 손님, 잠깐만 기다려 주세요.

N 주세요
- 물 주세요.
- 저 가방 주세요.

V	ㅏ, ㅗ O	+ -아 주다	닫아 주세요
	ㅏ, ㅗ X	+ -어 주다	가르쳐 주세요
	하다	→ 해 주다	이야기해 주세요

- 듣다 ➡ 들어 주세요
- 돕다 ➡ 도와 주세요
- 쓰다 ➡ 써 주세요

보기 와 같이 이야기해 보세요.

보기

가 미안하지만 사진 좀 찍어 주세요.
나 네, 알겠어요.

찍다

①

사다

②

빌리다

③

만들다

④

켜다

⑤

청소하다

⑥

포장하다

새단어 좀 | 닫다 | 잠깐 | 돕다 | 빌리다 | 켜다 | 포장하다

💬 보기 와 같이 이야기해 보세요.

보기

선생님,

가 선생님, 이메일을 보냈습니다.
　　이메일 좀 봐 주시겠어요?
나 네, 알겠습니다.

이메일을 보내다/이메일, 보다

①

하경 씨,

명동역에 오다/장소, 다시 설명하다

②

선우 씨,

오늘 이 문법을 배우다/이거, 가르치다

③

줄리 씨,

한국 친구를 초대하다/저, 돕다

④

루카스 씨,

이름을 안 쓰다/이름, 쓰다

새단어 설명하다 | 초대하다

말하기 1

1 보기 와 같이 이야기해 보세요.

보기

직 원   손님, 뭘 찾으세요?

빅토르   **남자 바지** 있어요?

직 원   네, 이쪽에 있어요.

빅토르   **이 바지** 얼마예요?

직 원   **오만 팔천** 원이에요.

빅토르   비싸네요. 좀 깎아 주세요.

직 원   그럼 **오만 오천** 원만 주세요.

보기	①	②	③
남자 바지	모자	양복	지갑
이 바지	저 모자	이 양복	이거
58,000	20,000	170,000	87,000
55,000	19,000	160,000	84,000

2 여러분은 보통 편의점에서 무엇을 사요? 친구와 이야기해 보세요.

비누 있어요?

이 주스는 세일해요?

주스 두 병하고 비누 계산해 주세요.

네, 저기 컵라면 옆에 있어요

네, 두 병에 3,500원이에요.

모두 4,700원이에요.

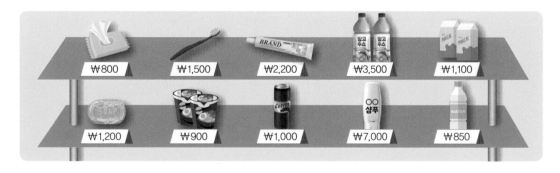

₩800   ₩1,500   ₩2,200   ₩3,500   ₩1,100

₩1,200   ₩900   ₩1,000   ₩7,000   ₩850

새단어 손님 | 찾다 | 이쪽 | 깎다 | 양복 | 컵라면 | 세일(을) 하다 | 계산(을) 하다 | 칫솔 | 치약 | 샴푸

문법과 표현 3

A/V-네요

- 가 바지가 어때요?
  나 좀 작네요.

- 가 혼자 라면을 세 그릇 먹었어요.
  나 많이 먹었네요.

A / V	받침 ○, ×	작네요 오네요

 보기와 같이 이야기해 보세요.

보기

가 이 옷 어때요?
나 참 예쁘네요.

이 옷/참 예쁘다

①

사이즈/너무 작다

②

이 가방/좀 비싸다

③

모자/잘 어울리다

④

한국 음식/맛있다

보기와 같이 이야기해 보세요.

보기

가 어제 커피 5잔을 마셨어요.
나 정말 많이 마셨네요.

커피 5잔, 마시다

①

운동화하고 치마, 사다

②

피자하고 치킨, 혼자 먹다

③

만화책 8권, 읽다

④

10시간, 공부하다

 새단어 참 | 사이즈 | 너무 | 잘 | 어울리다 | 피자 | 치킨 | 시간

문법과 표현 4

V-아 보세요/어 보세요

- 이 옷이 예쁘네요. 한번 입어 보세요.
  사과가 맛있어요. 한번 드셔 보세요.

- 가 장홍 씨가 학교에 안 왔어요.
  나 그럼 장홍 씨한테 전화해 보세요.

V			
ㅏ, ㅗ ○	+ -아 보세요	가 보세요
ㅏ, ㅗ ×	+ -어 보세요	입어 보세요
하다	→ 해 보세요	전화해 보세요

- 보다 ➡ 봐 보세요
- 듣다 ➡ 들어 보세요
- 쓰다 ➡ 써 보세요

 보기 와 같이 이야기해 보세요.

보기

가 이 소파 편해요?
나 네, 한번 앉아 보세요.

이 소파, 편하다/앉다

①

제주도, 유명하다/가다

②

저거, 재미있다/타다

③

이 책, 유명하다/읽다

④

이 모자 사이즈, 크다/쓰다

⑤

이 노트북, 좋다/사용하다

⑥

여행 가방, 있다/구경하다

새단어 한번 | 드시다 | 사용하다

다음과 같이 여러분 나라를 소개해 보세요.

	한국	_____씨의 나라
① 장소	제주도	
② 음식	생선회	
③ 옷	한복	
④ 운동	축구하고 농구	

① 가 _____ 씨 나라는 어디가 유명해요?
  나 제주도가 유명해요. 한번 가 보세요.

→ 가 _____ 씨 나라는 어디가 유명해요?
  나 _____.

② 가 거기는 무슨 음식이 맛있어요?
  나 생선회가 맛있어요. 한번 먹어 보세요.

→ 가 _____?
  나 _____.

③ 가 _____ 씨 나라의 전통 옷은 뭐예요?
  나 한복이에요. 한번 입어 보세요.

→ 가 _____?
  나 _____.

④ 가 _____ 씨 나라에서는 무슨 운동을 많이 해요?
  나 축구하고 농구를 많이 해요.
      _____ 씨도 한번 해 보세요.
    정말 재미있어요.

→ 가 _____?
  나 _____.
    _____.
    _____.

새단어 전통

말하기 2

1 보기 와 같이 이야기해 보세요.

보기

직원	어서 오세요.
장홍	이 사과 얼마예요?
직원	한 개에 이천오백 원이에요. 좀 비싸지만 맛있어요.
	이거 한번 드셔 보세요.
장홍	음, 맛있네요. 이 바나나는요?
직원	그건 한 송이에 사천육백 원이에요.
장홍	사과 두 개하고 바나나 한 송이 주세요.

보기	①	②	③
사과	귤	파인애플	참외
1개/2,500	10개/9,900	1개/5,000	5개/10,000
바나나	딸기	토마토	오렌지
1송이/4,600	1박스/8,000	1박스/6,000	1박스/7,000
사과 2개/ 바나나 1송이	귤 10개/ 딸기 1박스	파인애플 1개/ 토마토 1박스	참외 5개/ 오렌지 1박스

2 여러분은 지금 무슨 물건이 있어요? 얼마예요? 친구와 이야기해 보세요.

이 지우개 얼마예요?

이 공책은요?

한 개에 칠백 원이에요.

그건 한 권에 천이백 원이에요

새단어 　귤 | 딸기 | 박스 | 파인애플 | 토마토 | 참외 | 오렌지 | 영화표

듣고 말하기

🌓 마트에서 세일해요. 여러분은 무슨 물건을 사요? 다음을 듣고 대답해 보세요.

1 다음 물건의 가격이 얼마예요? 듣고 쓰세요.

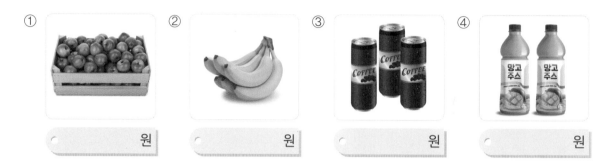

① _____ 원 ② _____ 원 ③ _____ 원 ④ _____ 원

2 맞는 것을 고르세요.

① 마트에서 30분만 세일해요.
② 여자는 라면을 세 개 샀어요.
③ 여자는 남자한테 물건 값을 계산했어요.
④ 사과는 세일을 하지만 라면은 세일 안 해요.

🗣️ 여러분은 어디에서 물건을 샀어요? 친구와 이야기해 보세요.

> 빅토르 씨, 여행 가방을 어디에서 샀어요?

> 가방 가격이 얼마예요?

> 남대문 시장에서 샀어요.

> 십일만 원이에요.

110,000 원   _____ 원   _____ 원   _____ 원   _____ 원

새단어 | 마트 | 저쪽 | 가격

읽고 쓰기

◐ 여러분은 보통 언제 쇼핑해요? 다음을 읽고 대답해 보세요.

우리 집 근처에 백화점이 있어요. 거기에서 자주 음식을 사요. 어제는 운동을 하고 저녁 7시 30분에 백화점에 갔어요. 그런데 7시부터 8시까지만 음식하고 채소를 세일했어요. 저는 오이 다섯 개하고 치킨 두 박스, 김밥 하나를 샀어요. 많이 샀지만 가격은 쌌어요. 그래서 치킨 한 박스는 룸메이트에게 줬어요. 룸메이트도 아주 좋아했어요. 백화점은 저녁에 세일이 있어요. 여러분도 저녁에 한번 가 보세요.

1 이 사람은 어제 저녁에 어디에 갔어요?

_____

2 이 사람은 무엇을 샀어요? 모두 고르세요.

①  ②  ③  ④

3 글의 내용과 맞으면 ○, 틀리면 ✕ 하세요.

① 백화점은 우리 집에서 멀어요.

② 이 사람은 어제 운동을 안 했어요.

③ 오이 값은 비쌌지만 김밥 값은 쌌어요.

④ 저녁 7시에 백화점에서 세일을 했어요.

새단어 근처 | 그런데 | 오이

✏️ 여러분은 보통 어디에서 쇼핑해요? 써 보세요.

> 어디에서 자주 쇼핑해요?

> 그곳은 뭐가 좋아요?

> 거기에서 무슨 물건을 사요?

> 물건 값은 얼마예요?

새단어   그곳

≣ 자음동화 1 🎧 7-5

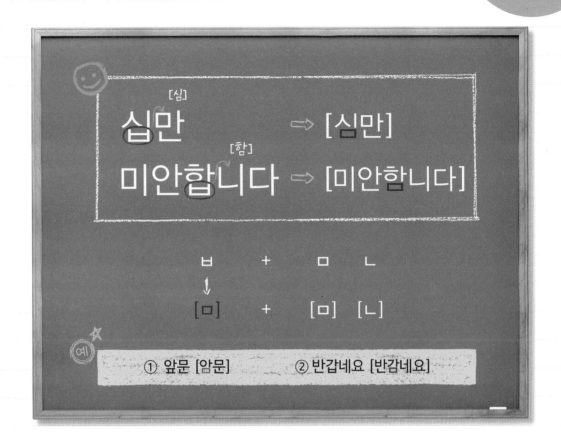

들어 보세요.

① 오십만   ② 감사합니다   ③ 앞문   ④ 없네요

듣고 따라해 보세요.

① 동생이 학교에 갑니다.

② 교실 앞문을 닫아 주세요.

③ 가 이 가방 얼마예요?
    나 이십만 오천 원이에요.

④ 가 아주머니, 수박 있어요?
    나 미안해요. 오늘은 없네요.

새단어   수박

모범 답안

Unit 0 한글

● 연습1   18

1) ①   2) ③   3) ②
4) ②   5) ②   6) ①

● 연습2   21

1) ②   2) ③   3) ①
4) ①   5) ②   6) ①

● 연습3   23

1) ②   2) ①   3) ②
4) ①   5) ②   6) ②

● 연습4   26

1) ①   2) ②   3) ③
4) ①   5) ③   6) ③

● 연습5   29

1) ②   2) ③   3) ②
4) ②   5) ③   6) ①

Unit 1 안녕하세요?

● 듣고 말하기   44

1 ①
2 ③
3 ①

● 읽고 쓰기   45

1 조엔이에요.
2 ① (○)   ② (×)

Unit 2 이건 뭐예요?

● 듣고 말하기   59

1 ①
2 가위가 없어요.

● 읽고 쓰기   60

1 ③
2 형, 남동생이 없어요.

Unit 3 친구하고 같이 영화를 봐요

● 듣고 말하기   74

1 ③
2 ④

● 읽고 쓰기   75

1 ④
2 ① (×)   ② (○)   ③ (×)   ④ (○)

Unit 4 어디에 가요?

● 듣고 말하기   89

1 ②
2 ③

● 읽고 쓰기   90

1 ①
2 ③

Unit 5 주말에 축구를 했어요

● 듣고 말하기   102

1 ④

듣기 지문

140

Unit 1 안녕하세요?

44p

여자 안녕하세요? 저는 미린이에요.
　　　　이름이 뭐예요?

남자 저는 빅토르예요. 만나서 반가워요.

여자 네, 반가워요.
　　　　빅토르 씨는 어느 나라 사람이에요?

남자 저는 러시아 사람이에요.
　　　　미린 씨는 한국 사람이에요?

여자 아니요, 저는 한국 사람이 아니에요.
　　　　베트남 사람이에요.

남자 아, 네. 미린 씨는 선생님이에요?

여자 아니요, 저는 학생이에요.

남자 저는 회사원이에요.

Unit 2 이건 뭐예요?

59p

여자 장홍 씨, 그게 뭐예요?

남자 제 연필이에요.

여자 가위가 있어요?

남자 아니요, 없어요.

여자 저건 빅토르 씨의 필통이에요?

남자 아니요, 저건 폴 씨의 필통이에요.

Unit 3 친구하고 같이 영화를 봐요

74p

남자 줄리 씨, 지금 뭐 해요?

여자 노래를 들어요.

남자 룸메이트하고 노래를 들어요?

여자 아니요, 혼자 노래를 들어요.

남자 케이팝을 들어요?

여자 아니요, 케이팝을 안 들어요.
　　　　팝송을 들어요.

남자 오늘 오후에는 뭐 해요?

여자 한국어를 공부해요.

남자 그럼 저하고 같이 공부해요.

여자 네, 좋아요.

Unit 4 어디에 가요?

89p

남자 줄리 씨, 어디에 가요?

여자 집에 가요. 오늘 친구가 집에 와요.

남자 그래요? 친구하고 집에서 뭐 해요?

여자 요리하고 밥을 먹어요. 루카스 씨도 집에 가요?

남자 아니요, 저는 약국에 가요.

Unit 5 주말에 축구를 했어요

102p

여자 빅토르 씨, 일요일에 뭐 했어요?

남자 홍대 앞을 구경하고 쇼핑했어요. 조엔 씨는
　　　　뭐 했어요?

여자 저는 하경 씨 집에 갔어요.

남자 하경 씨 집에서 뭐 했어요?

여자 하경 씨 생일 파티를 했어요. 한국 음식을
　　　　먹고 게임도 했어요.

남자 무슨 음식을 먹었어요?

여자 잡채하고 미역국을 먹었어요. 한국에서는 생
　　　　일에 미역국을 먹어요.

남자 그래요? 누가 음식을 만들었어요?

여자 하경 씨가 만들었어요. 정말 맛있었어요.

Unit 6 오전에는 바쁘지만 오후에는 괜찮습니다

118p

여자 빅토르 씨, 요즘 한국어 공부가 어떻습니까?

남자 조금 어렵지만 재미있습니다.

여자 보통 수업이 끝나고 무엇을 합니까?

남자 점심을 먹고 도서관에서 숙제를 합니다. 하지만 오늘은 병원에 갑니다.

여자 왜 병원에 갑니까?

남자 조엔 씨가 많이 아픕니다. 그래서 선생님하고 조엔 씨에게 갑니다.

Unit 7 한번 입어 보세요

134p

남자 안녕하세요? 손님 여러분! 지금부터 30분만 우리마트에서 세일을 합니다. 사과 1박스에 7,000원, 7,000원입니다. 바나나는 1송이에 2,000원입니다. 커피는 3개에 1,500원, 주스는 2병에 1,600원입니다. 정말 쌉니다.

여자 이 라면도 세일해요?

남자 네, 그 라면은 5개에 3,200원이에요.

여자 정말 싸네요. 이거 하나 주세요.

남자 손님, 죄송하지만 계산은 저쪽에서 해 주시겠어요?

여자 네, 알겠어요.

문법 해설

Unit 1 안녕하세요?

1-1 N이에요/예요

명사와 결합하여 비격식 상황에서 주어의 상태나 속성을 말할 때 사용한다. 명사에 받침이 있으면 '이에요', 받침이 없으면 '예요'가 붙는다.

1-2 N이에요/예요?

명사와 결합하여 비격식 상황에서 주어의 상태나 속성을 물을 때 사용한다. 명사에 받침이 있으면 '이에요?', 받침이 없으면 '예요?'가 붙는다.

2 N은/는

명사와 결합하여 문장의 주제를 말할 때 사용한다. 명사에 받침이 있으면 '은', 받침이 없으면 '는'이 붙는다.

3 N이/가 아니에요

명사와 결합하여 비격식 상황에서 주어의 상태나 속성을 부정할 때 사용한다. 명사에 받침이 있으면 '이 아니에요', 받침이 없으면 '가 아니에요'가 붙는다.

Unit 2 이건 뭐예요?

1 이것/그것/저것

명사와 결합하여 물건을 가리킬 때 사용한다. '이것'은 화자 근처에 있는 물건을 가리킬 때 사용한다. '그것'은 화자 쪽에서 볼 때 청자에게 가까운 물건을 가리킬 때 사용한다. 또한 전에 언급했거나 화자와 청자가 함께 알고 있는 물건을 가리킬 때도 사용한다. '저것'은 화자와 청자 모두에게서 멀리 떨어져 있는 물건을 가리킬 때 사용한다.

2 N의

명사와 결합하여 소유의 의미를 말할 때 사용한다.

하지만 사람을 나타내는 명사 '저, 나, 너'에 '의'를 붙일 때는 보통 '제, 내, 네'로 사용한다.

3 N이/가 있다/없다

명사와 결합하여 화자가 물건이나 사람의 소유 여부를 말할 때 사용한다. '이/가 있다'는 가지고 있다는 의미일 때 사용하고, '이/가 없다'는 가지고 있지 않다는 의미일 때 사용한다. 명사에 받침이 있으면 '이 있다/없다', 받침이 없으면 '가 있다/없다'가 붙는다.

4 N도

명사와 결합하여 그 앞의 대상에 비슷한 내용을 더하거나 포함시킴을 말할 때 사용한다.

Unit 3 친구하고 같이 영화를 봐요

1 V-아요/어요

동사, 형용사와 결합하여 비격식 상황에서 현재에 일어난 일을 말할 때 사용한다. 어간의 모음이 'ㅏ, ㅗ'로 끝나면 '-아요', 그 외의 모음일 경우에는 '-어요'가 붙는다. '하다'로 끝나는 동사나 형용사에는 '해요'가 붙는다.

2 N을/를

명사와 결합하여 동사의 영향을 받는 대상을 말할 때 사용한다. 명사에 받침이 있으면 '을', 받침이 없으면 '를'이 붙는다.

3 안 V

동사, 형용사와 결합하여 행동이나 상태를 부정할 때 사용한다. 명사와 '하다'가 결합된 동사일 경우에는 'N 안 하다'로 사용한다.

4 N하고

명사와 결합하여 둘 이상의 명사를 연결할 때 사용한다. 보통 비격식 상황에서 사용한다. 또한 어떤 일을 같이 하는 사람이 있을 때 'N하고 (같이) V'의 형태로 사용한다.

Unit 4 어디에 가요?

1 N에 있다/없다
장소를 나타내는 명사와 결합하여 사람이나 사물이 존재함을 나타내거나 어떤 장소에 위치함을 나타낸다. 장소를 나타내는 'N에'는 주어 앞이나 뒤에 올 수 있다.

2 N에 가다/오다
장소를 나타내는 명사와 결합하여 그 장소로 가거나 오는 이동을 나타낼 때 사용한다. 뒤에 '다니다'를 쓰기도 하는데 이것은 규칙적으로 이동을 반복하는 학교나 회사와 같은 장소와 함께 사용한다.

3 N에서
장소를 나타내는 명사와 결합하여 어떤 행동이 일어나는 곳을 나타낼 때 사용한다. 'N에서 오다'의 형태로 사용하면 출발점을 나타낼 수 있다.

4 V-고(순차)
동사와 결합하여 앞의 일과 뒤의 일이 시간 순서에 따라 일어날 때 사용한다. 시간 순서를 나타내는 표현이므로 앞의 일과 뒤의 일의 순서를 바꾸면 문장의 의미가 달라진다. 과거나 미래의 일을 말할 때 '-고' 앞에는 과거형이나 미래형을 사용하지 않는다. 선행절과 후행절의 주어가 같으면 후행절의 주어를 생략할 수 있다.

Unit 5 주말에 축구를 했어요

1 N에(시간)
시간 명사와 결합하여 행동이 일어난 때를 말할 때 사용한다. 하지만 '어제, 오늘, 내일, 지금'과는 결합하지 않는다.

2 V-았어요/었어요
동사, 형용사와 결합하여 비격식 상황에서 과거에 일어난 일을 말할 때 사용한다. 어간의 모음이 'ㅏ, ㅗ'로 끝나면 '-았어요', 그 외의 모음일 경우에는 '-었어요'가 붙는다. '하다'로 끝나는 동사나 형용사에는 '했어요'가 붙는다.

3 무슨 N
명사와 결합하여 여러 가지 옵션 중에서 선택해서 말하도록 할 때 사용한다.

4 N부터 N까지
시간 명사와 결합하여 시간의 시작과 끝을 말할 때 사용한다. '부터'는 어떤 동작이나 상태의 시작 시점을 말하며, '까지'는 동작이나 상태가 끝나는 시점을 말한다. 주로 'N부터 N까지'로 사용되지만 각각 단독으로 사용될 수도 있다.

Unit 6 오전에는 바쁘지만 오후에는 괜찮습니다

1 A/V-습니다/습니까?
동사, 형용사와 결합하여 격식적인 상황에서 문장을 끝내거나 질문할 때 사용한다. 설명이나 대답할 때는 '-습니다/ㅂ니다'를 사용하며 질문할 때는 '-습니까?/ㅂ니까?'를 사용한다. 동사, 형용사의 어간이 자음으로 끝날 경우에는 '-습니다', '-습니까?', 어간이 모음으로 끝날 경우에는 '-ㅂ니다', '-ㅂ니까?'가 붙는다.

● 2 N에게/한테

사람이나 동물을 나타내는 명사와 결합하여 명사가 어떤 행동에 영향을 받는 대상임을 말할 때 사용한다. 보통 '주다, 보내다, 가르치다, 전화하다'와 같은 동사와 함께 사용한다. 비격식 상황에서는 '한테'와 바꿔 사용할 수 있으며, 높임의 대상을 나타내는 명사가 올 경우에는 '께'를 사용한다.

● 3 '으' 탈락

동사, 형용사의 어간이 '으'로 끝나는 경우, 모음 '-아/어-'로 시작하는 어미와 결합할 때 '으'가 탈락된다. '으'가 탈락된 후에 어간의 모음이 'ㅏ, ㅗ'로 끝나면 '-아요'를, 그 외의 모음일 경우에는 '-어요'를 붙인다.

● 4 A/V-지만

동사, 형용사와 결합하여 앞 문장과 반대되는 내용을 뒤 문장에서 이어서 말할 때 사용한다.

Unit 7 한번 입어 보세요

● 1 N만

명사와 결합하여 어떤 것을 제한해 최소한으로 한정할 때 사용한다. 또한 강조의 의미로도 사용한다.

● 2 V-아 주세요/어 주세요

동사와 결합하여 화자가 상대방에게 어떤 행동을 하기를 요청할 때 사용한다. 어간의 모음이 'ㅏ, ㅗ'로 끝나면 '-아 주세요', 그 외의 모음일 경우에는 '-어 주세요'를 붙인다. '하다'로 끝나는 동사에는 '해 주세요'를 붙인다. 또한 완곡한 요청을 표현할 때는 '-아/어 주시겠어요?'를 사용한다.

● 3 A/V-네요

동사, 형용사와 결합하여 직접 경험해서 새롭게 알게 된 사실에 대해 감탄하거나 느낌을 말할 때 사용한다. 또한 새롭게 알게 된 사실이 과거일 때는 '았/었/했네요'를 붙인다.

● 4 V-아 보세요/어 보세요

동사와 결합하여 해 보지 못한 일을 시도해 볼 것을 권유할 때 사용한다. 어간의 모음이 'ㅏ, ㅗ'로 끝나면 '-아 보세요', 그 외의 모음일 경우에는 '-어 보세요'가 붙는다.

MEMO

SEOULTECH

한국어 1A

초판 인쇄	2021년 3월 24일
초판 발행	2021년 3월 31일

기획	서울과학기술대학교 국제교육본부
지은이	서울과학기술대학교 국제교육본부 교재 집필진(이용숙, 여순민, 한주경, 민진영)
홈페이지	klc.seoultech.ac.kr
주소	서울시 노원구 공릉로 232 서울과학기술대학교 어학원
전화	02)970-9219, 9220 ~ 9223

펴낸곳	한글파크
펴낸이	엄태상
책임편집	권이준, 양승주
디자인	이건화
조판	김성은
콘텐츠제작	김선웅, 김현이
홈페이지	www.sisabooks.com
주소	서울시 종로구 자하문로 300 시사빌딩
주문 및 교재문의	1588-1582
팩스	0502-989-9592
이메일	book_korean@sisadream.com
등록일자	2000년 8월 17일
등록번호	제1-2718호

ISBN 978-89-5518-670-3 (13710)